Walter Bartussek

Bewusst sein im Körper

Training für Bühne und Alltag

MATTHIAS-GRÜNEWALD-VERLAG

Dieses Buch widme ich meinen drei Brüdern

Helmut,
Dieter und
Gerhard

Mix
Produktgruppe aus vorbildlich bewirtschafteten Wäldern und anderen kontrollierten Herkünften
FSC www.fsc.org Zert.-Nr. GFA-COC-001278
© 1996 Forest Stewardship Council

Für die Schwabenverlag AG ist Nachhaltigkeit ein wichtiger Maßstab ihres Handelns. Wir achten daher auf den Einsatz umweltschonender Ressourcen und Materialien.
Dieses Buch wurde auf FSC-zertifiziertem Papier gedruckt. FSC (Forest Stewardship Council) ist eine nicht staatliche, gemeinnützige Organisation, die sich für eine ökologische und sozial verantwortliche Nutzung der Wälder unserer Erde einsetzt.

Bibliografische Information der Deutschen Nationalbibliothek
Die Deutsche Nationalbibliothek verzeichnet diese Publikation in der Deutschen Nationalbibliografie; detaillierte bibliografische Daten sind im Internet über http://dnb.d-nb.de abrufbar.

Der Matthias-Grünewald-Verlag ist Mitglied der Verlagsgruppe engagement

3. Auflage 2010

www.gruenewaldverlag.de

Umschlag: Karas & Heiss, Wien
Gesamtherstellung: Matthias-Grünewald-Verlag,Ostfildern

ISBN 978-3-7867-2249-6

Inhalt

An Stelle einer Einführung

1. Um die Benutzung dieses Buches für Sie leicht und klar zu gestalten, habe ich folgende Überlegungen zur *Form* einfließen lassen:

• Seit meinem ersten Buch hat sich in mir und um mich sehr viel verändert, u.a. das Bewusstsein für den Gebrauch der weiblichen und männlichen Form in der deutschen Sprache. Beide Formen in meinen Ausführungen gleichermaßen zu berücksichtigen verkompliziert die Sätze und lässt den Sprachfluss holprig, oft verwirrend werden. So möchte ich als Tribut an die so lange zweitrangig behandelten Frauen in diesem Buch ausschließlich die weibliche Form verwenden. Selbstverständlich sind dabei immer auch Teilnehmer, Partner, Gruppenleiter etc. mitgemeint, wenn ich von Teilnehmerin, Partnerin, Gruppenleiterin usw. spreche. Ich bitte vor allem meine männlichen Leser, bewusst ihre eigenen Sprachgewohnheiten zu beobachten und flexibler zu werden. Es ist dies bereits eine erste Übung für die durch dieses Buch angestrebte Bewusstseinserweiterung.

• Nicht zuletzt haben Reisen, wie z.B. nach Peru zu den Plätzen und Kultstätten der Inka, oder nach Hawaii zu den Ursprüngen der Huna-Philosophie, mein Bewusstsein auch auf die Bedeutung der Zahlen hingeführt. So ist die DREI in ihrer Einfachheit und gleichzeitig multidimensionalen Struktur für mich besonders faszinierend. Das ist der Grund, warum dieses Buch *drei* Teile zu je drei Abschnitten mit je *drei* Kapiteln und den jeweils dazugehörenden *drei* Übungen, also insgesamt 81 Übungen, aufweist.

• Als dritte formale Eigenheit dieses Buches sei auf Folgendes hingewiesen. Es ist so verfasst, dass Sie es einerseits als konsequent aufgebautes Übungshandbuch verwenden können. Andererseits können Sie auch den jeweiligen dreiteiligen Übungsblock, gekennzeichnet durch das Schriftbild, überspringen, ohne dass Sie dabei grundlegende Informationen versäumen würden. So können Sie sich leicht einen inhaltlichen Überblick verschaffen, wenn Sie nicht zu denjenigen gehören, die gleich alles Schritt für Schritt erproben wollen. Der eine Weg führt zur Wissensvermehrung, der andere zur Bewusstseinserweiterung. Beides sind notwendige Schritte, die Sie Ihrer inneren Weisheit näher bringen.

2. Um der *inhaltlichen* Ausrichtung dieses Buches folgen zu können, ist es hilfreich, die drei Haupt-Aspekte meiner eigenen Arbeit als theaterschaffender Künstler vor Augen zu haben:

- Ausstrahlung und Energie der Persönlichkeit
- Bewusstwerdung der Körpersprache in Raum und Zeit
- Bewusste Gestaltung und Entfaltung des gesamten Körper-Energie-Systems

Wenn George Tabori sagt, „... dass es unsere Aufgabe im Theater sein sollte, die Schauspieler in Menschen zu verwandlen und nicht die Menschen in Schauspieler“ (Welker 1994), so entspricht dies meiner Intention, einen Beitrag zu leisten zu dieser „Verwandlung in Menschen“. In diesem Sinne ist es auch zu verstehen, dass viele Übungen diesem Mensch-Sein, dem Bewusst-Sein auf allen Ebenen – der physischen, emotionalen, mentalen und spirituellen – gewidmet sind.
Natürlich sind die zu trainierenden Fähigkeiten

- wie das Spüren und Lenken von Energien
- wie das Wahrnehmen und Senden von Körpersignalen
- wie das Erkennen und Verwandeln von Prägungen und Mustern

sowohl für die darstellerische Arbeit auf der Bühne wie in geschäftlichen oder privaten Bereichen Grundlage dafür, das eigene Leben in die Hand zu nehmen und schöpferisch zu gestalten.
In der Theaterarbeit wie sonst im Leben ist es wichtig, die drei göttlichen Geschenke an die Menschen zu nutzen:

- die Fähigkeit, Erkenntnisse zu erlangen (Bewusst-Werdung dessen, was ist)
- die Freiheit zu wählen, was ich für mich will (Entscheidung darüber, was sein soll)
- die Schöpferkraft, Neues zu erschaffen (Kreativität für die Ver-Wirklichung dessen, was sein wird)

So lade ich Sie ein, selbst zu erkennen und zu entscheiden, welche Kapitel und Übungen Ihnen auf der Bühne, für Darstellung und Regie oder im Alltag für Klarheit und Wahrhaftigkeit dienlich sind. So können etwa „Der Fahrtenschreiber“ (vgl. II/3.1., S. 102), „Der Blick in die Meta-Ebene“ (vgl. III/2.1., S. 129) und „Die Lichtkugel“ in ihren Varianten (vgl. III/2.3., S. 138) integrierter Bestandteil Ihres Lebens werden, auf dem langen Weg zu immer größerer Selbst-Bewusstheit, zur Erfüllung des Sehnens nach Glück und Liebe.

3. Um meinen *Dank* und meine *Anerkennung* auszudrücken, ist mir noch Folgendes wichtig:
Ich danke allen, die mir ermöglicht haben, derjenige zu werden, der ich jetzt bin. Sie alle haben dadurch zum Entstehen dieses Buches wesentlich beigetragen.
Im Bereich der Theaterarbeit danke ich speziell meinen Lehrern und Kollegen

- Pierre Byland für all die Erfahrungen mit meinem inneren Clown und dessen Ausdrucksformen
- Daniel Stein für die Vermittlung seiner präzisen Artikulation und Interpretation der Körpersprache auf der Bühne
- Ide van Heiningen für die mitreißende Begeisterung und das Engagement für die Mime, das internationale Bewegungstheater.

Im Bereich meines persönlichen Wachsens und Heil-Werdens gilt mein Dank vor allem

- Dr.med. Josef Veber für seine konsequente Art, mich auf meinen spirituellen Weg hinzuführen
- Hashannah Verwaal (Human Systems Integration, Foundation International, Holland) für ihre inspirierende Energiearbeit zur Transformation und Integration abgespaltener Persönlichkeitsanteile und Heilung des göttlichen Wesens im Menschen
- dem Paar Prabhato und Bali (Aruna Institut, Deutschland) für ihr liebevolles Fördern meiner ursprünglichen Lebendigkeit und Lebensfreude durch Verbindung von Yin und Yang in tantrischen Ritualen.

Voller Dankbarkeit bin ich dafür, dass ich beim Schreiben dieses Buches von drei Frauen entscheidende Unterstützung bekam, von

- Lolit, meiner Frau, durch deren liebende Präsenz und Ermutigung – als Partnerin und Heilerin – das Buch erst seine jetzige geistig-inhaltliche Gestalt annehmen konnte
- Frau Anita Wanjek, meiner Mitarbeiterin, die sich in bewundernswerter Weise durch das Manuskript arbeitete, um es in korrekter Form auf Diskette zu bringen
- Frau Hiltraud Laubach, durch deren Initiative, geduldiges Ausharren in positiver Erwartungshaltung und Bewerkstelligen all der nötigen Verlagsarbeiten letztendlich dieses Buch nun in Ihren Händen liegen kann.

I. Die Grund-Haltung oder Nehmen wir einmal an du bist ...

Dieser erste Teil des Buches will Grundlagen und Grund-Annahmen vermitteln, mit denen wir verschiedene Phänomene und Wirkungsweisen unseres körperlichen Seins eingehend anschauen und erfahren können.

1. Wirklichkeit ist das, was wirkt – Einige Fragen

Nehmen wir einmal diese Formulierung als etwas saloppe Definition einer Art von *Wirk*lichkeit an und betrachten einige Beispiele für erlebbare *Wirk*ungen, und zwar im zwischenmenschlichen Bereich:

1.1. Das Eisberg-Modell

Erlauben Sie mir einige Fragen zu stellen.
Kennen Sie folgende Situation? Sie begegnen einer Ihnen unbekannten Person und stellen fest, dass sie Ihnen vom ersten *Augen-Blick* an unsympathisch ist.

- Wie ist das möglich?
  Offensichtlich findet in Bruchteilen von Sekunden ein Informationsaustausch statt.
- Wie erreicht mich diese Information?
  Dies geschieht durch die Körpersprache, die Erscheinung, die ich *sehe*, aber auch durch die Ausstrahlung dieser Person, die ich *spüre!*
  Es scheint so zu sein, dass nicht nur der physische Körper, sondern auch die ihn umgebende Energiehülle Informationen vermittelt.
- Woher aber kommt die verspürte Antipathie?
  Oft wissen wir es nicht genau, können dazu kaum etwas sagen. Es ist eben so, wir spüren es! Wir erleben, dass hier offensichtlich

einiges abläuft und *wirk*sam wird, was uns aber nicht oder nur teilweise bewusst ist.

Lassen Sie mich die Gesamtmenge der pro Person zur Verfügung stehenden Information mit je einem schwimmenden Eisberg vergleichen (Skizze 1):

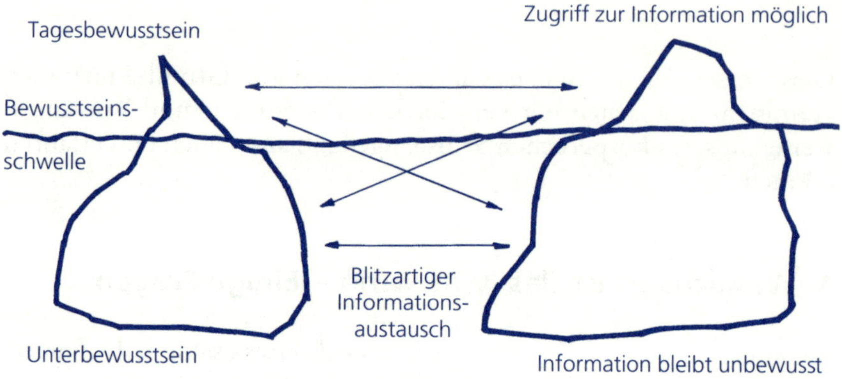

Skizze 1

Ein Augen-Blick genügt also, diese Gesamtmenge an Information (auch den unbewußten Teil) *wahr*zunehmen und zu be*urteilen*, d.h. als eine „*Wahr*heit zu nehmen" und ein „*Urteil*" zu fällen: „Du bist mir unsympathisch." Es ist faszinierend, wie das mit einmal Hinschauen funktioniert.

Wichtig! Ihnen fallen vor allem jene Eigenschaften auf, für die Sie selbst besonders empfänglich bzw. resonanzfähig sind. Es ist sehr aufschlussreich, sich selbst in den Menschen Ihrer Umgebung gespiegelt zu sehen. Dazu braucht es allerdings die nötige Bereitschaft und Übung, da das Spiegelbild oft erst erkannt werden muss (vgl. III/2.1., S. 129).

1.1.1. Übung: „Die ist ...!"

Wenn Sie das nächste Mal durch die Straßen Ihres Ortes ziehen oder im Café sitzen und alle Vorbeigehenden beobachten, registrieren Sie bitte alle Personen, die Ihnen auffallen *und* Ihre *Urteile* dazu! Erlauben Sie sich einmal in Gedanken –

aber ganz ehrlich – jene Sätze zu formulieren, die Sie sich eigentlich gar nicht zu denken getrauen, denn „das gehört sich nicht!" Aber diese Sätze sind dennoch präsent! Sie beginnen ungefähr so: „Die da drüben ist ..." (Mindest-Kategorien: interessant – uninteressant bzw. sympathisch – unsympathisch). Ja, dies funktioniert auf den ersten Blick!

1.1.2. Übung: „Du bist ...!"
Wenn Sie in Gruppen arbeiten, betrachten Sie die Gruppenteilnehmerinnen, selbst wenn Sie sie schon gut kennen. Welches sind Ihre Beurteilungskriterien? Schreiben Sie Ihre Kriterien nieder und nehmen Sie sich dafür genug Zeit! Die Sätze könnten beginnen mit: „NAME, Du bist mir zu ..."
Ja, dies läuft in Ihnen immer wieder ab!

1.1.3. Übung: „Bin ich ...?"
Betrachten Sie alle Gruppenteilnehmerinnen oder lassen Sie in Gedanken Ihren Bekanntenkreis an Ihnen vorüberziehen. Schreiben Sie die Eigenschaften der für Sie unangenehmsten und der für Sie bewunderungswürdigsten Person auf. Folgen Sie der erwähnten Annahme: Sie selbst besitzen für die aufgeschriebenen Eigenschaften eine eigene „Resonanzfähigkeit", sonst hätten Sie diese „Schwingungen" gar nicht wahrnehmen können. Lassen Sie auch die weitere Annahme auf sich wirken: In irgendeiner Weise stellen die von Ihnen ausgewählten und beurteilten Personen einen Spiegel Ihrer selbst dar: Sie haben (vielleicht irgendwo gut versteckt, aber doch) genau die gleichen oder ähnliche Eigenschaften in sich, die Sie im Außen entdecken.
Ja, nehmen Sie sich genügend Zeit, mit dieser Annahme umzugehen.

1.2. Ist da jemand?

Kennen Sie folgende Situation? Sie sitzen in Ihre Arbeit versunken da, hören und sehen sonst nichts – und doch, plötzlich haben Sie ein *Gefühl*, als ob hinter Ihnen jemand stünde.

Ja, jemand hat sich Ihnen genähert.

- Wie ist das möglich?
  Offensichtlich, nein offen-*kundig* (denn *sicht*bar ist nichts), hat Sie die *Kunde*, die Information über die Präsenz einer anderen Person erreicht, vielleicht erst ab einer gewissen Nähe. Es scheint so zu sein, dass die vorhin erwähnte „Ausstrahlung“ spürbar ist, auch wenn man *nicht* hinblickt. Es ist faszinierend, wie das auch ohne hinzuschauen funktioniert!
- Sie beeinflusst u.a. irgendwie unser Distanzverhalten. Wie wirkt eigentlich diese Ausstrahlung?
  Oft wissen wir nicht genau, warum wir die Nähe zu einem anderen Menschen suchen oder eher einen größeren Abstand wählen, um uns wohl zu fühlen. Unsere unbewusste Ein-Stellung dazu ist z.B. klar erlebbar bei Menschen, die uns im Laufe eines Gesprächs immer wieder zu nahe kommen, selbst wenn wir zurückweichen. Die Ausstrahlung wirkt somit auch auf unser Wohlbefinden.
- Wie nahe ist *zu* nahe?
  Das regelt sich von selbst, ganz unbewusst. Wir spüren das sehr genau, wenn wir uns in einer konkreten Situation befinden.
  Ausdrücke wie „auf die Pelle rücken“, „ein distanziertes Verhalten“ oder „Bleib mir vom Leib!“ bezeugen die Bedeutung unseres Distanz-Verhaltens.

Wieder ist es unser *Spüren*, auf das wir uns verlassen, das viele Dinge im Umgang mit anderen Menschen automatisch (unbewusst) regelt. Es gilt die Beobachtung dieser Abläufe und das eigene Spüren immer wieder zu üben.

1.2.1. Übung: Bambus hilft

Falls Sie sich zu jenen Menschen zählen (ich vermeide bewusst: zu jenen Menschen *gehören*), die „nichts spüren“ (Ich kenne diese Behauptung – behaupten kommt von Haupt = Kopf! – auch von mir selbst sehr gut!), können Sie Folgendes üben:
Besorgen Sie sich ein Stück Bambus-Rohr, am besten etwa 30 cm lang und 5 cm im Durchmesser. Dieses halten Sie zwischen Ihren flachen Händen, so dass die Rohr-Enden in der Mitte

Ihrer Handteller liegen. Konzentrieren Sie sich nun auf diese „Zentren" Ihrer Hände und registrieren Sie alles, was in diesem Bereich Ihrer Hände spürbar wird; auch wenn Ihr Verstand dazwischenfunkt („Das ist alles nur Einbildung!"). Stellen Sie sich vor, Sie würden Energie von einer Hand zur anderen durch den Stab schicken.
Falls Sie jetzt nichts spüren, verurteilen Sie sich nicht selbst oder das Buch, das Sie gerade lesen. Sofern Sie Geduld und die Konsequenz haben, das Buch zu Ende zu lesen und möglichst alle vorgeschlagenen Übungen zu üben (deshalb heißen sie so), können Sie dann nochmals auf dieses Bambus-Stück zurückgreifen.

1.2.2. Übung: Der Raum dazwischen

Wenn der Bambus Ihnen zu irgendeiner „Sensation" (sense engl. = Sinn, Gespür; sensible engl. = empfänglich; sensation engl. = Wahrnehmung, Er-Lebnis) verholfen hat, versuchen Sie das Gleiche ohne Stab. Halten Sie Ihre Hände so, als ob Sie einen großen Ball hielten (vgl. Bartussek 1998, IV/1.2., S. 67) und er-spüren Sie den Zwischenraum sowie die Handzentren. Experimentieren Sie mit dem Ausdehnen und Zusammendrücken der entstandenen Energie-Kugel und – wichtig! – atmen Sie dabei weiter (nicht die Luft anhalten).

1.2.3. Übung: Sensationen zu zweit

Erforschen Sie Ihre „Sensationen" weiter, wenn Sie Ihre Hände den geöffneten Händen einer Partnerin nähern. Lassen Sie sich genügend Zeit dafür und wiederholen Sie den Vorgang der Annäherung öfter. Schütteln Sie Ihre Hände dazwischen aus, bleiben Sie locker.
Tauschen Sie Ihre Erfahrungen aus und registrieren Sie, mit welchen Worten Sie am ehesten Ihre Wahr-Nehmungen beschreiben können.

1.3. Treten Sie mir nicht zu nahe!

Eine wunderschöne Möglichkeit, das unbewusste Distanzverhalten zu beobachten, ist folgende „Versuchsandordnung“:
In meinen Seminaren und Vorträgen bitte ich gerne zwei Personen, die einander fremd sind (oder sich in diese Situation versetzen), langsam aufeinander zuzugehen mit dem Auftrag, in jener Entfernung vor einander stehenzubleiben, in der sich *beide* wohlfühlen. In diesem Abstand könnte dann eine Frage nach der Uhrzeit oder etwas ähnlichem bequem gestellt werden.

- Wie ist das möglich?
  Beobachten Sie genau, ob vielleicht ganz kleine Korrekturen (oft im Ausmaß von halben Zentimetern) in der Stellung der Füße durchgeführt werden. Erst nach einer oft sehr feinen Abstimmung wird die gefundene Position von beiden Beteiligten akzeptiert.
  Auch das ist faszinierend, wie diese Begegnungen immer funktionieren.
- Welche Entfernung ist die richtige?
  Bei der gewählten Distanz wird es den beiden Personen (aus unserem Kulturkreis) gerade *nicht* möglich sein, mit ausgestrecktem Arm die Schulter der Gesprächspartnerin zu erreichen. Meist ist noch eine Distanz von 5 bis 20 cm zwischen den ausgestreckten Fingern und der Schulter des Gegenübers festzustellen. Die Beteiligten spüren ganz genau, ob die Position stimmig ist oder nicht, speziell wenn bewusst die gefundene Entfernung probehalber verändert wird! Somit signalisieren beide Personen, dass sie der anderen nicht zu nahe treten wollen, was als eine gefühlsmäßige Provokation bzw. Verletzung verstanden werden könnte.
- Warum ist das wichtig?
  Es handelt sich bei dieser Armlänge (plus 5 bis 20 cm) genau um jenen Bereich um unseren Körper, der in vielen Büchern über Körpersprache mit ca. 80 cm angegeben und als der „Intimbereich“ bezeichnet wird. (Birkenbihl 1985) Indem ich diesen Bereich achte, drücke ich meine Achtung, meinen Respekt gegenüber der betreffenden Person aus. Nur vertraute Menschen dürfen näher kommen, ansonsten ist unklar, ob die Nähe zu positiver oder negativer Berührung (Liebkosung versus Bestrafung) führt. Deshalb kann

Stress oder Unsicherheit die Folge sein, wenn wir jemandem Unbekannten zu nahe treten (vgl. III/1.1.1, S. 119).

Es scheint so zu sein, dass unser Körper von einer Hülle (etwa 80 cm) umgeben ist, die offenbar mit unserer Ausstrahlung zu tun hat.

Bis hierher habe ich Ihnen Beispiele dafür gegeben, was ich mit dem Satz meine: „Wirklichkeit ist das, was wirkt." Davon ausgehend erlauben Sie mir zu folgern, dass, wenn diese „Ausstrahlungs-Hülle" also wirkt, sie eine bestimmte Art von *Wirklichkeit* (im schon erwähnten Sinne) darstellt.

1.3.1. Übung: Ich stelle mich vor ...

Verfeinern Sie Ihr Spüren für richtiges Ver-Halten. Halten Sie vor Ihrer Partnerin, auf die Sie gerade zugehen, in ange*messenem* Ab-Stand. Wenn Sie vor einander stehen (Stand!), *messen* Sie mit Hilfe Ihres Armes die Entfernung zur jeweils gewählten Person. Probieren Sie möglichst viele verschiedene Gegenüber zu finden, wenn möglich auch Ihre „unsympathischste" und „bewunderungswürdigste" Gruppenteilnehmerin (ohne dass Sie dies dabei deklarieren). Beobachten Sie auch, ob Ihr Distanzwunsch genau mit dem Distanzwunsch Ihres Gegenübers übereinstimmt.

Wichtig! Lassen Sie sich *beide* genügend Zeit zum Nach-Spüren und minimalen Verändern Ihrer Positionen. Berücksichtigen Sie bei Ihren Beobachtungen auch den jeweiligen Grad Ihrer Vertrautheit und die entsprechenden Auswirkungen.

1.3.2. Übung: Mit Vorstellung ...

Vereinbaren Sie mit Ihren jeweiligen Partnerinnen, sich einen anderen Vertraulichkeitsgrad vorzustellen („Wir sind jetzt enge Freunde" oder im umgekehrten Fall „Wir begegnen einander zum allerersten Mal in einer fremden Stadt"). Lassen Sie sich genügend Zeit, sich in den jeweiligen Bewusstseins- und Gefühlszustand zu versetzen und wiederholen Sie damit die Vorgehens-Weise der vorangegangenen Übung.

Wie deutlich hat sich Ihr spürbares Verhalten aufgrund Ihrer Vorstellungskraft tatsächlich (*wirk*-lich) verändert?

1.3.3. Übung: Mit sechstem Sinn ...
Mit den bisher gewonnenen Erfahrungen bitte ich Sie jetzt, eine Begegnung mit geschlossenen Augen zu erproben. Um die Randbedingungen der Übung einfach zu halten: Partnerin A geht mit geschlossenen Augen auf B zu, während Partnerin B mit offenen Augen stehen bleibt, um im „Notfall" verbal bei der Orientierung zu helfen oder Zusammenstöße zu vermeiden. Konzentrieren Sie sich hierbei weniger auf die Frage der entsprechenden Distanzen als vielmehr auf Ihre persönliche Art, andere Personen bzw. Partnerin B ohne Seh-Sinn wahrzunehmen, zu erspüren oder überhaupt im Raum zu finden.
Ergänzung: Unter den erprobten Gesichtspunkten kann es auch eine neue Erfahrung sein, das Spiel „Brui" (Bartussek 1998, Kap. I/2.1.) zu wiederholen. Als Variante kann „Brui" ganz in Stille gespielt werden, ohne zu fragen. Brui ist an den geschlossenen Händen erkennbar, die nur geöffnet werden, um ein neues Mitglied in der wachsenden Kette aufzunehmen. Wichtig bleibt der *acht*-same Umgang miteinander, auf den anderen zu *achten,* dadurch meine *Acht*-ung zum Ausdruck zu bringen und alle Vorgänge genau und sich selbst zu beob-*achten.*

2. Körper – Seele – Geist, ein Energie-System – Einige Bilder

Nehmen wir einmal weiters an, dass wir Menschen, ganzheitlich betrachtet, körperlich-seelisch-geistige Wesen sind, ausgestattet mit der unter I/1.3., S. 20 erwähnten „Ausstrahlungs-Hülle", so ist vorstellbar, dass diese Hülle nicht nur außerhalb des Körpers „angefügt" ist, sondern denselben ganz durchdringt.
Erlauben Sie mir den Vergleich mit einem Transformator, der mit einem elektromagnetischen Feld umgeben bzw. von diesem durchdrungen ist. Selbstverständlich gehört zu diesem Bild auch die wechselweise Wirkung zwischen dem materiellen Körper und dem immateriellen (elektromagnetischen) Feld, das alles durchdringend ihn um-

gibt: Eine Veränderung des Stromes durch die Transformator-Spule bewirkt eine Veränderung des elektromagnetischen Feldes und umgekehrt.
Nehmen wir als Arbeitshypothese einmal an, dass es sich mit dem menschlichen Körper und seinem Feld, der „Ausstrahlung“ oder seinem „Energiekörper“, seiner „Aura“ – wie immer man es nennen mag – ähnlich verhält. Daraus können ganz praktische Konsequenzen gezogen werden, und – was ja die Bedeutung einer Arbeitshypothese ist – man kann damit arbeiten und Ergebnisse erzielen sowie deren Wirkungen, Wirksamkeiten („das, was wirkt“) beobachten.
Sofern sich unter meinen Leserinnen und Lesern auch naturwissenschaftlich Geschulte befinden, bitte ich Sie, vor allem den Begriff „Energie“ in einem erweiterten, weiteren Sinne verstehen zu wollen als er in der Physik definiert ist. Auch mögen manche meiner geschilderten Wahr-Nehmungen nicht objektivierbar erscheinen, wohl aber subjektive Er-*Leb*nisse (Was ist Leben?) be-wirken. Folgen Sie bitte meiner Einladung, meine bisherigen Annahmen einmal aufzugreifen, d.h. die Chance wahr-zu-nehmen, einen neuen Sinn für Ihre Wahrnehmungen zu entfalten. Vielleicht entdecken Sie dabei *den* Sinn Ihres Lebens – oder gar den *Sinn* Ihres Lebens.
Wir kennen Redewendungen wie die folgenden: „Du *strahlst* ja heute und siehst aus, als ob du Bäume ausreißen wolltest!“ oder „Sie war *zutiefst betrübt* und ließ sich ermattet in den Sessel *sinken.*“ Interessant ist, dass wir Strahlen und Helligkeit mit viel Energie verbinden, betrübt, trübe sein mit dem Fehlen derselben, was außerdem „Tiefe“ und „Sinken“ mit sich bringt.
Könnte es sein, dass das, was wir *ausstrahlen*, mit unserer „Lebens-Energie“ in uns zusammenhängt? Östliche Philosophien sprechen von dieser Lebens-Energie und benennen sie mit

Chi	etwa in Tai Chi
oder Qui	Qui Gong.

2.1. Das Licht-Kugel-Modell

Im Idealfall kann man sich die Form des eine Person umgebenden Energiefeldes bei einem sitzenden Menschen wie eine Kugel, bei einem stehenden wie ein Ei vorstellen. Als Ausdruck dafür, ein strahlen-

des Wesen zu sein, kann man sich dieses Energiefeld mit hellem, weißen Licht erfüllt denken.
Als Bild für dieses angenommene Feld möchte ich also gerne die „Licht-Kugel" einführen, in der wir uns befinden und die im Normalfall bis etwa Armlänge in allen Richtungen über unsere Körperoberfläche hinausreicht. Wo immer wir uns hinbewegen, begleitet sie uns. Natürlich erstreckt sich die Licht-Kugel oder das „Licht-Ei" in unserem Modell auch unter unseren Füßen in den Boden und sorgt so für unsere Erdung oder das „Grounding". Wenn wir „in unserer Mitte" sind, bedeutet das in diesem Modell, daß das Zentrum der Licht-Kugel örtlich mit einem gedachten Zentrum in unserem Körper (etwas unterhalb des Nabels, im Bauchinneren) zusammenfällt (Skizze 2):

„Bei sich sein"

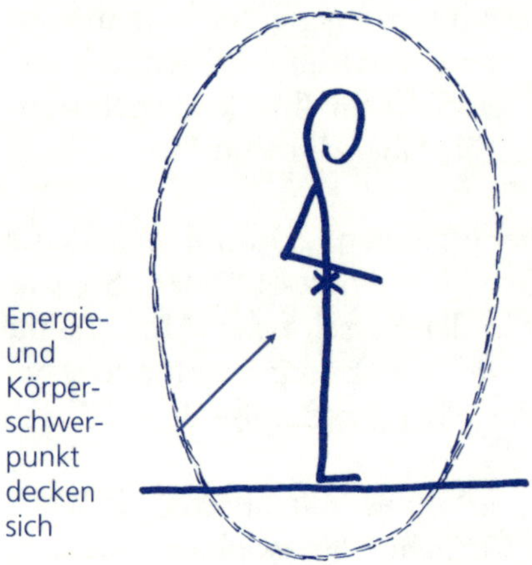

In sich ruhend

Skizze 2

„Außer sich sein"

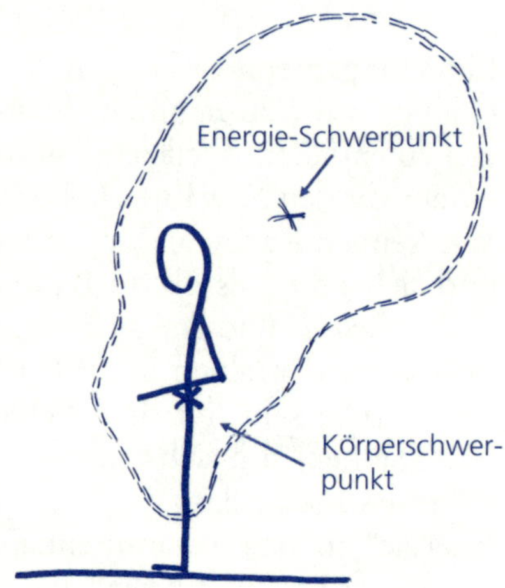

Z.B. Panikartige Rückzugsreaktion

Skizze 3

Wenn jemand „außer sich" ist, also nicht „in seiner Mitte" ruht, können wir uns das dementsprechend so vorstellen, dass das Zentrum der Licht-Kugel sich nach außen verlagert und mit dem Körperzen-

trum nicht mehr identisch ist. Dabei kann sich auch die Form je nach dem emotionalen Befinden verändern (Skizze 3).
Wiederum ist es von *praktischem* Nutzen zu erforschen, wann und wodurch so eine Verschiebung des Licht-Kugel-Mittelpunktes eintreten kann.
Doch zunächst eine Übung, damit Sie sich Ihrer Licht-Kugel bewusster werden:

2.1.1. Übung: Kugelputzen

Sie stehen stabil mit beiden Beinen auf dem Boden und stellen sich vor, von einer Glaskugel umgeben zu sein, die Sie von innen her, ohne Ihren Standort zu verändern, berühren können. Nun beginnen Sie, mit Ihren Händen diese Glaskugel sorgfältig zu reinigen – jedes Fleckchen vor, hinter, neben, über Ihnen. Strecken, dehnen, verdrehen Sie sich, mit Ihren Füßen verwurzelt, um das ganze Ausmaß dieser Kugel von innen her zu erfassen. Dort, wo diese Kugel (oder die Eiform) in den Boden dringt, entsteht um Sie herum ein Kreis am Fußboden. Vergegenwärtigen Sie sich diese Kreisgröße. Nach einiger Zeit des „Putzens" lassen Sie Ihre Bewegungen abklingen und überprüfen in Gedanken Ihre Vorstellung von der in den Raum gezeichneten Kugel. Sehen Sie vor Ihrem geistigen Auge die Kugelhülle links, rechts, hinten ...? Strecken Sie nochmals den Arm nach oben aus, um die Höhe zu überprüfen etc. So stehen Sie letztendlich stabil und aufrecht da, bewusst umgeben von einer klar umrissenen Licht-Kugel.

2.1.2. Übung: Kugeln im Raum

Mit Ihrer hellen, gereinigten, strahlenden und in der Größe bewusstgemachten Licht-Kugel beginnen Sie jetzt vorsichtig durch den Raum zu gehen. Natürlich nehmen Sie Ihre Kugel überall hin mit. Sie wählen Ihren Weg durch den Raum und an anderen Personen vorbei so, dass es zu *keinen* Licht-Kugel-Zusammenstößen kommt! Zwischendurch können Sie zur Kontrolle Ihre Arme ausstrecken, aber ansonsten haben Sie „Ihre Dimension" bald deutlich in Ihrem Bewusstsein. Sie gehen z.B. auf die Wand des Raumes zu, bleiben stehen, sobald Ihre Licht-Kugel die Wand berührt und stellen dann durch den Arm-Test fest, dass Sie genau die richtige Entfernung erspürt haben.

2.1.3. Übung: Störe meine Kreise nicht

Wenn Sie von der eher langsam-konzentrierten Bewegung durch den Raum in etwas Impulsiveres wechseln wollen, dann versuchen Sie, jetzt einander in Ihre Kreise (um die Füße herum) hineinzusteigen oder zu springen! Wohlgemerkt: in den Kreis und *nicht* auf die Zehen! Klar, dass schnelles Reagieren und Ausweichen gefordert sind, während Sie bereits Ihr nächstes Opfer auf's Korn nehmen. Töne und Laute sind durchaus angebracht, um die Teilnehmerinnen, die noch in ihrer meditativen Visualisierungsaufgabe vertieft sind, zurück auf den Boden der Realität dieser Übung zu bringen. Übrigens fördert das Spiel durchaus die Erdung der Betroffenen.

2.2. Was wir uns alles „ein-bilden"!

Sie kennen wahrscheinlich die eine oder andere Methode der körperlichen Bewusstseinsarbeit (Autogenes Training, Eutonie, Feldenkrais etc.), (Alexander 1976, Feldenkrais 1978). Dabei geht es u.a. um Techniken, bei denen wir uns auf einen Körperteil, einen Bewegungsansatz konzentrieren oder uns bestimmte Abläufe oder Situationen im Körper oder außerhalb desselben vorstellen, sie visualisieren. Dadurch erschaffen wir diese in unserer Fantasie (= Ein-Bildungs-Kraft). Diese Schöpfer-Kraft hängt mit unserer Energie zusammen und umgekehrt.
Es scheint nämlich so zu sein, dass wir mit unseren Gedankenkräften Energien dorthin lenken können, wo wir uns „hin kon*zentrieren*"- so als ob wir dort ein eigenes Energie*zentrum* hinverlagern würden (Tepperwein 1998). Wir können annehmen, dass dies mindestens solange wirkt, wie wir im Stande sind, unsere gezielte Konzentration aufrecht zu erhalten. In diesem Zeitraum können wir also unser momentan

bestehendes Energie-System durch zusätzliche Energie-Schwerpunkte er*gänzen*, um uns dadurch *ganz* zu machen bzw., wo nötig, in unsere Mitte zu brin- gen.
Wie Sie vielleicht noch aus der Mathematik wissen, kann man statt vieler einzelner (partieller) Schwerpunkte einen gemeinsamen Schwerpunkt für ein System ermitteln.
Somit lässt sich also bewusst unser Licht-Kugel-Schwerpunkt durch Konzentration auf verschiedene Orte oder Richtungen innerhalb oder außerhalb unseres Körpers verschieben! Wir können mit unserer Ein-*Bildungs*-kraft, indem wir *Bilder* (wie z.B. Wurzeln) schaffen, neue „Wirk-lichkeiten" *bilden* (wie z.B. neue „Energie-Schwerpunkte") und dadurch Fehlverhalten oder Fehlkonstellationen korrigieren.
Wenn, wie angenommen, Körper-Seele-Geist ein Energie-System darstellen und, wie beobachtet, körperliche Veränderungen durch geistige (mentale) Maßnahmen (Konzentration, Bilder, Vorstellungen) hervorgerufen werden können, so sollte man doch auch an anderen Stellen des Systems ansetzen können, z.B. bei körperlicher Bewegung, um daraufhin auftauchende Bilder und neue Qualitäten zu entdecken.
Wie das bei Ihnen funktioniert, können Sie am besten in der nächsten Übung gleich feststellen. Üben Sie drei verschiedene Ansätze: Wahrnehmen, Visualieren, Bewegen. Egal, wo Sie gerade sitzen (oder stehen), rücken Sie sich bequem zurecht, sodass Sie sich entspannen können und beginnen:

2.2.1. Übung: Im Leben stehen (wahrnehmen)

Konzentrieren Sie sich auf Ihren *linken* Fuß. Spüren Sie die Auflagefläche der Fuß-Sohle, die einzelnen Zehen? Können Sie die „Ring-Zehe" als eigenen Teil des Fußes wahrnehmen? Spüren Sie die Berührung von Kleidung oder Boden? Spüren Sie den Fußabdruck am Boden? Vergegenwärtigen Sie sich die Entfernung von großer Zehe zu Ferse, vom Rist zur Fußsohle, von der Fußinnenkante zur -außenkante, die Größe, Form und das Volumen Ihres linken Fußes.
Wenn Sie sich eine Zeit lang auf diese Weise auf Ihren *linken* Fuß konzentrieren und dann mit Ihrem rechten vergleichen, werden Sie eindeutige Unterschiede wahrnehmen können.

Allein die gedankliche, konzentrierte Beschäftigung mit dem linken Fuß hat in diesem Fuß etwas be*wirkt*, noch ohne irgendwelche Vorstellungen vorzugeben.
Nehmen Sie sich nun genügend Zeit für Ihren rechten Fuß, wobei dieser möglicherweise vom Lerneffekt beim linken profitiert hat und Sie bereits in etwas kürzerer Zeit einen ähnlichen bewussten Zustand Ihres rechten Fußes erreichen.

2.2.2. Übung: Wurzeln schlagen (visualisieren)

Nachdem Sie Ihr Gleichgewicht zwischen links und rechts durch Konzentration auf beide Füße wieder hergestellt haben, bitte ich Sie nun einen Schritt weiter zu gehen, indem Sie nicht nur *spüren* und *wahr-nehmen,* sondern mit Ihrer Fantasie sich aus Ihren Fußsohlen in den Boden wachsende Wurzeln *vorstellen.*
Wieder nützen Sie Ihre Konzentrationsfähigkeit und Ein-Bildungs-Kraft für das Entstehen dieses Bildes. Sie werden erleben, dass Sie (auf Nachfragen von anderen) ganz klar und detailliert Auskunft werden geben können über Größe, Dicke, Länge, Farbe, Form und Richtung Ihrer Wurzeln. Sie beschreiben eine Ihrer Wirk-lichkeiten! Vielleicht erleben Sie, dass Sie Ihre Wurzeln nur bis zu einer bestimmten Tiefe vordringen lassen können. Weiter geht's nicht. Auch eine Wirklichkeit! Und – vor allem – es wirkt: Sie haben durch Kon-*Zentration* weitere partielle Energie-*Zentren* außerhalb Ihres Körpers geschaffen!

2.2.3. Übung: In die Tiefe sinken (bewegen)

Legen Sie sich flach auf den Rücken und registrieren Sie Ihren momentanen Zustand des Liegens, die Umrisse Ihrer Auflagefläche (d.h. die Form eines gedachten Abdruckes am Boden) und die Qualität des Bodenkontaktes. Nun beginnen Sie, Ihr rechtes Schulterblatt so zu bewegen, als ob Sie damit eine Mulde in einen sandigen Untergrund graben wollten. Die Bewegung kommt *nicht* vom Arm oder vom Rücken, sondern vom Schulterblatt. Schieben Sie den Sand in alle Richtungen

auseinander und bleiben Sie bei dieser Bewegung in einem für Sie passenden Tempo und Rhythmus. Nehmen Sie sich Zeit dafür und denken Sie daran, ruhig weiterzuatmen.
Danach kommen Sie wieder zur Ruhe und beobachten nun die Wirkungen Ihrer körperlichen Aktivität. Als Hilfe nenne ich Ihnen einige Kriterien, auf die Sie jetzt achten können: Größe, Gewicht, Tiefe, Höhe, Auflagefläche, Position, Temperatur, Farbe oder Bewegtheit bzw. Lebendigkeit Ihrer rechten Schulterpartie. Vergleichen Sie diese mit Ihrer linken Seite.
Wiederholen Sie die Übung für die linke Seite bis Sie das Gefühl haben, wieder ausgeglichen zu sein. Zum Abschluss beobachten Sie, ob sich Ihr Da-Liegen insgesamt verändert hat und in welchem Bild sich das für Sie am treffendsten vermittelt.

2.3. Bin ich überhaupt bei mir?

Kehren wir noch einmal zurück zu den Auswirkungen dessen, worauf wir uns die meiste Zeit konzentrieren.
Wenn also unsere geistige, gedankliche Arbeit in unserem Energiefeld eindeutige Schwerpunkte setzt, was bedeutet das in unserem Alltag? Über unser wissenschaftlich geprägtes Weltbild hat die Bedeutung von Information und Wissensvermittlung einen sehr großen Stellenwert erhalten. Wir kennen den Ausdruck „Kopf-lastig" und erkennen, dass einfach sehr viel Konzentration auf Verstand und intellektuelle Analyse, Ansammlung von Daten und Fakten verwendet wird. Somit schaffen wir uns einen partiellen Schwerpunkt im Kopf, wodurch der energetische Gesamtschwerpunkt nach oben verlagert wird. Wir verlieren unsere Erdung. Statt mit „beiden Beinen im Leben" oder „auf dem Boden der *Realität*" zu stehen oder gar verankert zu sein, wirken wir eher „abgehoben" bis *„realitätsfremd"*.
Es gibt einen zweiten weit verbreiteten Aspekt unseres Alltags: die Beschäftigung mit unserer Zukunft! Der Terminkalender ist von großer Wichtigkeit. Während ich gerade in einem Gespräch, bei einem Termin oder in einer beruflichen Position bin, beschäftigt mich

bereits der nächste Schritt. Mit der zeitlichen Planung geht bei uns auch meist die berufliche Orientierung einher, im Sinne einer Karriere-Leiter: Was will ich wann erreicht haben? Ein großer Teil unserer Energie wird dahingehend verwendet und bildet dort einen weiteren Schwerpunkt – außerhalb unseres Körpers (Skizze 4), dort, wo wir demnächst sein wollen oder müssen, also *vor* uns.

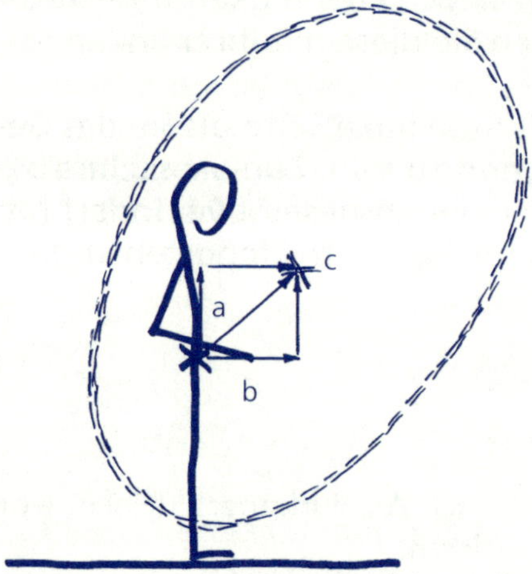

a) Energie fließt nach oben zum Kopf (kopflastig)

b) Energie fließt vor den Körper (zukunftsorientiert)

c) Eine häufige, meist dauerhafte Form, „außer sich“ zu sein

Skizze 4

Mit der Verschiebung des Energie-Schwerpunktes nach oben und vorne verschiebt sich auch die ganze Licht-Kugel! Je weiter der Energie-Schwerpunkt vom Körper-Zentrum entfernt ist, desto mehr bin ich eigentlich „außer mir“. In diesem Sinne leben die meisten Menschen in unserem Kulturkreis „ex-zentrisch“.
Falls Sie das Gefühl haben, die oben beschriebene Verschiebung Ihres Licht-Kugel-Schwerpunktes trifft auch auf Sie zu, gilt es als erstes, Ihre Erdung wieder herzustellen bzw. *hier* zu sein und zweitens aus der Zukunftsorientiertheit in's *Jetzt* zu kommen. In den vorangegangenen Kapiteln habe ich schon drei der Möglichkeiten erwähnt:
- Wahrnehmen
- Visualisieren
- Bewegen

Hier nun die Übungen dazu:

2.3.1. Übung: Grounding

- *Die Wahrnehmung*

Machen Sie sich Ihre Füße, Zehen, Fußsohlen, Strümpfe, Schuhe und den Bodenkontakt bewusst.

- *Die Visualisation*

Lassen Sie mit Hilfe Ihrer Vorstellungskraft Wurzeln wachsen, durch den Fußboden, durch die darunter liegenden Räume (egal wie dann die Wohnung unter Ihnen ausschauen mag), in den Keller, in den Erdboden, immer weiter, bis zum Erdmittelpunkt! Entdecken Sie möglicherweise Ihre momentane Begrenzung Ihres Ein-Bildungsvermögens, wenn Sie nicht ganz bis zum Erdmittelpunkt kommen. Lassen Sie es für's erste dort, wo Sie sind.

- *Die Bewegung*

Nehmen Sie jetzt die Bewegung dazu. Bewegen Sie bewusst Ihre Zehen, die Fußgelenke, rollen Sie die ganze Fußsohle von Zehen bis Ferse ab, so als ob Sie Sauerkraut oder Weintrauben in ein Faß stampfen würden. Falls Ihnen das nicht geläufig ist, verwenden Sie ein zeitgemäßeres Bild, mittels einer Fußpumpe eine Luftmatratze aufblasen zu wollen. Letztendlich schaffen Sie das schier Unmögliche: Sie machen ein paar Schritte, wobei Ihre Wurzeln mitgehen. Ja, Sie können sogar springen, die Wurzeln bleiben, und Sie genießen bewusst jedesmal die *Land*ung = *Erd*ung!

2.3.2. Übung: Backing up

Um Ihren Energie-Schwerpunkt von vorne zurückzuholen, folgen Sie am besten auch wieder den drei Schritten der vorangegangenen Übung.

- *Die Wahrnehmung*

Spüren Sie Ihre Hinterseite! Nein, ich meine die *ganze* Hinterseite (Hinterkopf, Nacken, Schultern, Rücken, Becken, Beine, Fersen). Zur Erleichterung legen Sie sich dazu auf den Boden. Falls das je nach Situation zuviel Aufsehen erregen würde, genügt es auch, sich anzulehnen (Wand, Stuhllehne, Laternenpfahl). Wichtig dabei ist, dass Sie immer mit Ihrem Bewusstsein *bei sich* sind; ja, was immer Sie tun, Sie *„stehen dahinter"!*

• *Die Visualisation*
Ihrer Fantasie sollten keine Grenzen gesetzt sein, sich Verbindungen nach hinten vorzustellen: Strahlen, Fäden, was auch immer. Sie senden Ihre Verbindungen von Ihrem Rücken nach hinten, zur Wand Ihres Arbeitsraumes etc. Sie sehen vor Ihrem geistigen Auge die genaue Distanz von Ihrem Rücken zur Wand und wie die Verbindungslinien Ihre Umrisse wie Graffiti an dieser Wand abbilden („I am here!")

• *Die Bewegung*
Lassen Sie Ihre Muskeln spielen, die Sie an Ihrer Rückseite besitzen. Entdecken Sie deren Spielarten. Ganz kleine Bewegungen genügen, Sie müssen nicht in ein Macho-Gehabe oder in nervöse Zuckungen verfallen! Sie können auch die Übung I/2.2.3. „In die Tiefe sinken" (Seite 28) anwenden, sofern Sie sich auf den Boden legen können ohne aufzufallen.

So, doch wo ist inzwischen Ihre Erdung geblieben?

2.3.3. Übung: All together now

Wollen Sie auf die vorgeschlagene Art und Weise Ihren Energie-Schwerpunkt in Ihrer Körpermitte plazieren, gilt es die beiden vorigen Übungen zu kombinieren und dabei *Gleichzeitigkeit* anzustreben. Es geht um eine Art *„Bewusstseinserweiterung"*. Auch wenn Sie sich anfänglich überfordert fühlen, üben Sie zunächst *sequentiell,* solange es *simultan* noch nicht klappt. Sie springen mit Ihrem Bewusstsein einmal da hin, einmal dort hin (Füße, Wand, Wurzeln, Steißbein, Mittelzehe, Graffiti, Erdmittelpunkt etc.). Ihre Alltagsarbeit ruht. Aber seien Sie getrost, wenn Sie an Ihre erste Autofahr-Stunde denken! Damals schien auch alles auf einmal eine Überforderung zu sein, während Sie inzwischen wahrscheinlich nicht nur exzellent Auto fahren, sondern gleichzeitig telefonieren, die Sonnenbrille suchen, eine Kassette wechseln, mit der Beifahrerin flirten, sich die Nummer des Rasers merken, der Sie gerade überholt hat und den von rechts heranrollenden Ball des kleinen Kindes auf dem Gehsteig registrieren ... Also, gönnen Sie sich noch ein paar Stunden im Üben von Erdung und Rückhalt, ohne „dann, wenn ...", sondern *jetzt* und *hier!*

3. Das „Energie-Kontinuum", von grobstofflich bis feinststofflich – Einige Erlebnisse

Um den von mir gewählten Ansatz, sich mit *nonverbaler Kommunikation* zu beschäftigen, für Sie ganz nachvollziehbar zu machen, möchte ich noch näher darauf eingehen, in welchem Sinne ich mit dem vielfach strapazierten Begriff „Energie" umgehe.
Als ausgebildeter Diplomingenieur für biomedizinische Elektrotechnik (mein erster Beruf, den ich ein halbes Jahr lang ausübte, bevor ich mich entschied, als Pantomime meinen Lebensunterhalt zu verdienen) kenne ich den naturwissenschaftlichen Weg, über exakt definierte Begriffe, wie Energie, Kraft, Schwingung oder Spannung, zu mathematisch beschreibbaren Aussagen zu kommen. *Und dennoch:*
Für den Umgang und das Verständnis all der Phänomene, die bei zwischenmenschlichen Interaktionen auftreten, scheint mir eine mehr bildhaft-visionäre Beschreibung von Energie angebrachter. Meine Erfahrung zeigt mir, dass ich damit vielen Menschen ein Instrumentarium in die Hand geben kann, mit dem jede einzelne auf ihre Weise, in Eigenverantwortung, Kommunikationssituationen (im Alltag und auf der Bühne) handhaben und somit in adäquater Weise agieren und re-agieren kann.

3.1. Das etwas andere Energie-Modell

Aus der Physik wissen wir, dass verschiedene Energieformen ineinander umgewandelt werden können, dass letztendlich keine Energie verlorengehen kann und dass Energie (über die Einstein'sche Formel $E = mc^2$) auch direkt mit der Masse unserer materiellen Welt in Verbin-

dung steht. Letztendlich ist alles Energie. Des weiteren hat die Physik entdeckt, dass sich alles auf atomarer oder subatomarer Ebene in Schwingung befindet.
Wir wissen auch, dass wir durch Energiezufuhr diese Schwingungen innerhalb eines Gegenstandes erhöhen können und sich auf diese Weise der Aggregatzustand von fest über flüssig in gasförmig verändert. Lassen Sie mich für unsere Zwecke für diese Veränderung die folgende, nicht naturwissenschaftliche Formulierung einführen: „Grobstoffliches" wird mehr und mehr „feinstofflich". Unter bestimmten Bedingungen läuft dieser Prozeß auch in die andere Richtung ab, sodass wir auch von einem mehr oder weniger exakten Kreislauf sprechen können. So könnte z.B. Ihr Eiswürfel, den Sie im Whisky-Glas auf der Terasse in der Sonne stehen gelassen haben, zerschmelzen, verdunsten und an anderer Stelle sich in einer Regenwolke schließlich wiederfinden, um letztlich als Hagelkorn in ein Whisky-Glas zu fallen, das auf einer Terasse stehen gelassen wurde ...
Analog zu diesen bekannten und bestens erforschten Prozessen stellen Sie sich bitte vor, dass es über den gasförmigen Zustand hinaus noch „feinstofflicher" werden kann, quasi eine nach oben offene Skala, wobei wir von immer „feiner" werdenden „Energie-Zuständen" und immer höherer Schwingung ausgehen wollen.
Da Sie diese Zeilen noch lesen, ohne das Buch in die Ecke gefeuert zu haben, lade ich Sie ein, unter dem Gesichtspunkt einer Art „Bildbeschreibung" sich einige Aspekte des von mir postulierten Energie-Kontinuums zu vergegenwärtigen: Lassen Sie mich Beispiele dafür anführen, wie verschiedene Energieformen weniger und weniger „begreifbar" werden (im Sinne von angreifen können), je „feinstofflicher" sie sind.

- *Kinetische Energie:* Sie sehen oder spüren Fels-, Wasser- oder Luft-Massen in Bewegung, wie sie wirken und was sie be-wirken, von Felsstürzen über Flutwellen bis zu Wirbelstürmen.
- *Elektrische Energie:* Die Bewegung der Elektronen in einem stromführenden Draht sehen Sie mit freiem Auge nicht, spüren aber direkt die Wirkung, sobald Sie in den Stromkreis geraten.
- *Atom-Energie:* Sie sehen und spüren zunächst nichts von atomarer „Verseuchung", erleben aber mehr oder weniger zeitverzögert sehr wohl die Auswirkungen auf Ihr Leben und das Ihrer Kinder.

Und jetzt folgen Sie mir bitte mit einem Gedanken-Sprung:

- *Gedanken-Energie:* Sie sehen und spüren von Gedanken zunächst nichts (oder vielleicht Sie schon?), bei Häufung ein und derselben Gedanken-Energien zu ganzen „Energie-Feldern“ können, allerdings mit entsprechender Zeitverzögerung, sehr wohl deutliche Auswirkungen festgestellt werden.

Bezüglich der Erforschung dieser „morphogenetischen Felder“ ist am Besten bei Rupert Sheldrake nachzulesen (1998).

Ein bereits besser bekanntes Gebiet der Gedanken-Energien betrifft die Forschungen über die „Kraft der positiven Gedanken“, wie sie wirkt oder manches Mal scheinbar doch nicht. Auch hierüber gibt es inzwischen unzählige Bücher (siehe weiterführende Literatur).

Dass Gedanken auch sofortige Wirkungen zeigen können, wird – bezogen auf unsere unbewusste Körpersprache – im Kapitel II/3.3 „Zeichen der Zeit oder Der entscheidende Zeitpunkt“, S. 109, näher behandelt werden.

Erlauben Sie mir nochmals einen „Energie-Sprung“:

- *Lebens-Energie:* Sie sehen und spüren zunächst (scheinbar) nichts. Sie scheint einerseits am wenigsten „be-greif-bar“, andererseits spüren wir es sehr deutlich, wenn sie abhanden kommt.

Wenn Sie sich mit Feng-Shui beschäftigen, der chinesischen Weisheit vom Einrichten Ihrer Lebensräume, werden Sie von Möglichkeiten hören, die Lebensenergie in Ihrer Wohnung in verschiedene Richtungen zu lenken oder sie an bestimmten Plätzen zu erhöhen (siehe weiterführende Literatur).

Sehr anregend, über Lebensenergien nachzudenken, sind die sogenannten „bildschaffenden Methoden“, die durch experimentell hervorgebrachte anschauliche Bilder das Wirken von Lebensenergien vor Augen führen (Bartussek 1976). Ein Beispiel sei an dieser Stelle kurz erwähnt: die Tropfenbildmethode nach Schwenk (1967). Dabei lässt sich reproduzierbar feststellen, dass Quellwasser (viel Lebensenergie) faszinierend strukturierte, vielfältige Tropfenbilder liefert, hingegen physikalisch und chemisch identisches, aber abgestandenes Stadtwasser (wenig Lebensenergie) plumpe oder eintönige Formen ergibt. Auch kosmische Einflüsse durch Sonne und Mond können mit dieser Methode eindrucksvoll veranschaulicht werden.

Es scheint so zu sein, dass diese Lebensenergie in unterschiedlichem

Maße allgegenwärtig, alles durchdringend und beeinflussend ist. Wo und wie beeinflusst sie unsere Körpersprache, unsere Ausstrahlung? Haben wir uns bis jetzt gedanklich bzw. bildhaft von „Grobstofflichkeiten“ zu „Feinst-Stofflichkeiten“ bewegt (wobei der „Stoff“, die Materie als besonders *dichte* Form von Energie betrachtet werden möge), so gilt es auch, sich den umgekehrten Weg anzusehen, sozusagen die „*Ver-Dichtung*“ der verschiedenen feinstofflichen Energieformen. Die Ergebnisse sind am physischen Körper und seinen Reaktionen ablesbar.

Natürlich kennen wir die Methoden, auf *grobstofflichen* Ebenen auf den Körper einzuwirken:

- Chirurgische Eingriffe, Massagen etc. als heilende, Unfälle und mechanische Störfaktoren als behindernde oder zerstörende Einflüsse. Bezüglich physischer und physikalischer Störfaktoren in der zwischenmenschlichen Kommunikation und den entsprechenden körpersprachlichen Reaktionsmechanismen sei auf die Produktion „Mit vollem Mund“, eine Video-Mime, verwiesen (s. Anhang A).
- Pharma-Mittel und Drogen sowie
- Strahlenbehandlungen u.a.

Vielfältig und faszinierend sind jedoch die *feinstofflichen* Methoden, auf das Körper-Energie-System einzuwirken:

- Homöopathische Mittel, Bachblüten etc.
- Gesprächstherapien (Worte - Gedanken - Erkenntnisse)
- „Energie-Arbeit“ u.a.

Hierbei kann direkt, d.h. von einem menschlichen Energiekörper zum anderen auf Energieblockaden in der Aura Einfluss genommen werden. Diese sind oft Monate, ja Jahre bevor sie sich durch Ver-Dichtung als physische Krankheiten manifestieren, im Energiefeld des betreffenden Menschen wahrnehmbar (Brennan 1993).

Während die hier angeführten Einflußnahmen gezielte, bewusst therapeutische Wirkungen haben, müssen wir im Alltag mit ununterbrochenen feinstofflichen Wechselwirkungen rechnen, sobald wir Menschen begegnen (vgl. I/1.1. „Eisberg-Modell“, S. 15). Da diese Wechselwirkungen großteils unbewusst ablaufen, bedeutet das für Sie, dass Sie über weite Strecken Spielball Ihrer eigenen energetischen Muster und deren Beeinflussung durch anderer Leute Energiefelder sind!

Also: Um Ihr körperlich-geistig-seelisches Befinden zu steuern und

damit in zwischenmenschlichen Begegnungen stimmig handeln zu können, *müssen* Sie mehr und mehr *Bewusstheit* über sich selbst (Körper, Gefühle, Gedanken) bekommen. Gleichzeitig entdecken Sie mehr und mehr *Wissen* über die Ihnen zur Verfügung stehenden feinstofflichen Energien. (Eines Tages fließen *Bewusstheit* und *Wissen* zusammen als *Weisheit*, so hoffen wir!)
Je „spürlicher" Sie werden, desto mehr werden Sie diese feinstofflichen Energien für sich nützen können. Auch das können Sie im Anschluss üben.
Zuvor dürfen Sie sich drei Energieformen bewusst machen und erforschen, wie sie in Ihrem Leben wirksam sind:
Lebensenergie hängt mit unserer *Lebendigkeit* zusammen und diese wiederum mit der ersten Energieform, dem *Atem*. Wir kennen die Redewendungen „das Leben einhauchen" oder aber auch „das Leben aushauchen". Wir alle haben ein ganz spezielles Atem-Verhalten, wobei wir für bestimmte Situationen, für uns charakteristische Atem-Muster entwickeln. Jedes Gefühl in uns ist mit so einem Muster verbunden. Schauen wir uns Gefühl und Atem-Bewegung an, so verstehen wir auch den Begriff E-Motion (Heraus-Bewegung). Gesamtkörperliche Bewegung stellt eine zweite Energieform dar. Ebenso direkt verbunden mit dem Atem ist unsere Fähigkeit, Laute, Töne, Worte von uns zu geben. Ton und Klang ist also die dritte Energieform.
Somit können wir:

- Atem
- Bewegung
- Lautstärke/Laute

als drei mögliche Aspekte der Lebendigkeit, wie wir sie in unserer Kindheit (Zeit unserer Prägungen) (er-)leben durften, heranziehen für unseren kleinen Test:

3.1.1. Übung: Lebendigkeits-Test

Welche Atmosphäre war für Sie in Ihrer Kindheit prägend?

- Immer ordentlicher, gepflegter Haushalt mit kostbaren Einrichtungsgegenständen, die ein Springen, Herumlaufen und Ballspielen im Wohnzimmer unmöglich machten. Es wurde immer höflich, zurück-haltend, mit gedämpfter Stimme miteinander gesprochen. Es wurde weder viel ge-

lacht noch geweint. Eine Atmosphäre also, in der man sich kaum zu atmen getraute.
Lebendigkeits-Bewertungs-Punkte-Anzahl: 0

- Turbulenter Haushalt, Ordnung und Chaos in ereignisreicher Abwechslung. Freude, Zorn, Streit, Versöhnung, Übermut, Jubel wurden zugelassen und ausgelebt. Schreien und toben waren ebenso möglich wie besinnliches, still genießendes Beisammensein. Den Möglichkeiten, sich durch Bewegung, Lautstärke, sich in seinen Gefühlen (Atem!) zu äußern, wurden keine Grenzen gesetzt.
  Lebendigkeits-Bewertungs-Punkte-Anzahl: 10

Erinnern Sie sich bitte an Ihre Kindheit und stufen Sie sich selbst zwischen 0 und 10 ein. Falls Sie dies innerhalb einer Gruppe tun, ist es interessant, von jeder Teilnehmerin ihre Punktezahl zu hören. Ihr jetziges körpersprachliches Verhalten (Bewegung, Ton, Atmung) hängt direkt damit zusammen.

Im Allgemeinen können wir davon ausgehen, dass die meisten von uns sich viel zu wenig zu atmen getrauen. Deshalb werde ich Sie bei verschiedenen Übungen immer wieder an das Atmen erinnern. Wenn Sie als Gruppenleiterin tätig sind, gehen Sie beispielgebend voran, zeigen Sie Ihr Atmen, lassen Sie Ihren Atem hören, vor allem dann, wenn die Situationen ungewohnt, angespannt oder sehr bewegend (in jeder Bedeutung) sind.
Wenn Sic für sich allein sind:
Ab *jetzt* gehört es zu Ihrer persönlichen Bewusstseinsschulung, sich selbst im eigenen Atem-Verhalten wahrzunehmen und zu entdecken, wie oft Sie sich zurück-halten, unter-drücken, dämpfen, in Ihrem „Lebendig-Sein“ beschneiden, auch dann, wenn es eigentlich gar nicht nötig wäre. Was passiert dabei mit Ihrer Energie? Oder welche Extreme suchen Sie, um für sich einen Ausgleich zu finden, um sich endlich lebendig zu fühlen, z.B. Extrem-Sportarten?

3.1.2. Übung: „Verständlichkeits-Test"

In der nonverbalen Kommunikation kommen alle Ausdrucksmittel zum Tragen, *außer konkreten Worten.* In dieser Übung bitte ich Sie, sich vor allem auf die schon in der vorherigen Übung ausschlaggebenden drei Aspekte unserer Lebendigkeit zu konzentrieren. Benützen Sie also, um eine Ihnen wichtige Aussage zu machen, vornehmlich

- Atem
- Bewegung
- Laute/Lautstärke

aber keine Worte. Erfinden Sie eine Fantasie-Sprache, die Sie durch Tonfall, Lautstärke, unterstützt durch Bewegungen und Ihrem Atem-Verhalten so gestalten, dass Sie Ihre wichtige Aussage zum Ausdruck bringen.

Dazu stellen Sie sich vor die ganze Gruppe und beginnen. Sobald Sie am Ende Ihrer Aussage angelangt sind, beginnen Sie am besten von vorne, wobei Variationen durchaus erlaubt sind. Währenddessen sind die restlichen Gruppenteilnehmerinnen gebeten, ihr Ver*ständ*nis (vermeintliche Interpretation) folgendermaßen zu signalisieren:

Sofern ich glaube, ver*stand*en zu haben, worum es sich handelt, kann ich dazu „Stellung" beziehen, indem ich mir (im Halbkreis um die Rednerin) einen Platz suche, der gleichzeitig meine Sicherheit meiner Interpretation signalisiert. Wenn ich mich also ganz sicher fühle, die Rednerin ver*stand*en zu haben, *stelle* ich mich ganz nahe zu ihr. Falls ich zwar verstanden zu haben glaube, mich dabei aber nicht sehr sicher fühle, wähle ich einen Platz weiter weg. Die Rednerin bekommt somit ein simultanes nonverbales Feedback darüber, wie gut sie sich offensichtlich ver*ständ*lich zu machen im *Stande* ist. (Je mehr Leute in ihrer Nähe stehen, desto klarer scheint die Aussage zu sein.)

Wenn genügend Teilnehmerinnen ihre „Stellungnahme" abgegeben haben, können sie einzeln ihre Interpretation benennen. Erst dann ist die Rednerin aufgefordert, ihr ursprüngliches Anliegen preiszugeben. Alle, die ganz und gar nicht richtig interpretiert haben, setzen sich wieder nieder,

der Rest ist „Sinnbild" dafür, wie *„weit"* der „Sinn" zu ver-*„stehen"* war.
Zum Abschluss machen Sie sich gemeinsam bewusst, welche Teil-Informationen jeweils durch

- Atem
- Bewegung
- Laute (Lautstärke, Tonfall)

vermittelt wurden und wie weit energetische Abläufe wahrnehmbar waren. (Als Hilfe orientieren Sie sich z.B. an folgenden Redewendungen: sich verausgaben, jemanden vereinnahmen, überfluten, aussaugen, sich erleichtert, bereichert, ausgelaugt oder bedrückt fühlen etc.)

3.1.3. Übung: „Spürlichkeits-Test"

In dieser Übung geht es darum, dass Sie für sich selbst testen, wie „spürlich" Sie sich erleben, Ihrer eigenen Intuition gegenüber. Lassen Sie sich leiten, führen und entdecken Sie, welcher Gegenstand als „Kraft-Objekt" zu Ihnen will.
Sie haben sich ja schon geübt im An-Nehmen von „Übungsbedingungen" und im Ein-Bilden von Wirklichkeiten:

- Zunächst bitte ich Sie, sich Zeit zu nehmen, um sich selbst zu spüren und Ihre Mitte zu finden (vgl. Übung I/2.3.3, S. 32).
- Dann machen Sie sich bewusst, welchen Aspekt Ihrer Persönlichkeit Sie gerade jetzt stärken wollen oder welcher Schritt in Ihrem Entwicklungsprozess gerade ansteht.
- Wenn Sie so weit sind, stellen Sie sich bitte vor, dass es in Ihrer näheren Umgebung (wenn möglich, in der Natur!) einen speziellen Gegenstand gibt, der genau die richtige Energie mit der richtigen Schwingung hat, um Sie zu unterstützen, um Ihnen Kraft zu geben (und wenn er Sie nur immer wieder daran erinnert, Ihr Vorhaben weiter zu verfolgen).
- Als letzten Schritt in Ihrer Vorbereitungsphase bitte ich Sie jetzt, sich auf diese Energie und diese Schwingung einzustellen, d.h. in „Resonanz" zu gehen. Auch wenn Sie nicht

daran glauben, es funktioniert trotzdem – Sie müssen es nur tun!

- Jetzt gehen Sie einfach los, lassen Sie Ihren Ver-*Stand* zu Hause (er *steht,* Sie gehen), folgen Sie Ihren eigenen Schritten, üben Sie Ihre „Spürlichkeit", lassen Sie sich überraschen, wo Sie landen werden und welcher Stein, Zweig, Zapfen oder andere Gegenstand, dem Sie begegnen, Sie "anspringt". Vielleicht ist er in Ihrer Fantasie schon da und liegt plötzlich in einer Auslage vor Ihnen. Oder Sie landen im Café, und als Sie zahlen, wissen Sie es: Es ist diese eine Münze in Ihrer Geldtasche. Oder, oder, oder ...

  Anmerkung (nur für diejenigen, die glauben, sie nötig zu haben): Sie können nichts verlieren, Sie können nur gewinnen! Es gibt niemanden, der Sie überprüft, korrigiert, Ihnen „richtig" und „falsch" anzeigt. Es gibt nur Sie, eine Instanz in Ihnen, die zart, aber mit klarer Bestimmtheit sagt: „Das ist es."

  Falls Sie diese Spürlichkeit aus irgendeinem Grund im Moment vermissen, dann tun Sie ganz bewusst so, als ob Sie sie hätten – für den Moment – für sich selbst – zur Übung („Fake it until you make it!"). „Es geht ja um nichts" – im herkömmlichen Sinn – es geht (vielleicht?) um eine Möglichkeit, in sich das Vertrauen zum Spüren wieder zu entdecken (es mit Geduld und Konsequenz zu fördern), damit Sie wieder mehr und mehr mit sich selbst in Ver-*Bindung* treten können – wenn *Sie* wollen.

  Ende der Anmerkung, die nur für diejenigen gedacht war, die glaubten, sie nötig zu haben. Hatten Sie sie nötig?
- Falls Sie in einer Gruppe zusammenkommen, bringen Sie alle Ihren Kraftgegenstand, der Sie gefunden hat, mit.
- Sie gestalten nun mit Bewusstsein (und im Unterbewusstsein) Ihrer speziellen energetischen Verbindung einen eigenen, besonderen Platz im Gruppenraum, an dem alle Gegenstände zusammengelegt werden sollen.
- Vor dem Hinlegen bitte ich, dass Sie vor die Gruppe treten, Ihren Gegenstand zeigen und kurz erklären, wofür er ein Symbol ist. Halten Sie Blickkontakt mit allen, atmen Sie be-

bewusst durch (und ebenso die Gruppenmitglieder), und lassen Sie sich noch einmal vom Gegenstand und seiner Energie leiten, wo er genau liegen oder stehen will, innerhalb des vorgesehenen Platzes.

- Nehmen Sie als aktive oder passive Zeugin dieses kleinen Rituals wahr, was es mit Ihnen (und mit den anderen) macht. (Falls Sie gar nichts wahr-nehmen, sollten Sie dennoch mit Ernsthaftigkeit dabei sein.) Bei genügend Zeit, Bereitschaft, Konzentration, Vertrauen, Offenheit und dem passenden Rahmen (das liegt alles in Ihrem Einflussbereich), wird ein breites Spektrum des von mir eingangs geschilderten „Energie-Kontinuums" *wirk*sam werden.
- Lassen Sie es einfach *wirken!*

3.2. Dichtung und Wahrheit

Erlauben Sie mir, über das Wort „Dichtung" nachzu-sinn-ieren. Was ver-dichtet eigentlich eine Dichterin (im Gegensatz zu einer Schrift-Stellerin!)?

Nach unseren bisherigen Überlegungen ist folgendes Bild einer kontinuierlichen Energieumwandlung, ähnlich dem Kreislauf vom Eiswürfel zum Hagelkorn, vorstellbar:

Irgendwo in einem „Pool aller Wahrheiten" gibt es einen ganz bestimmten Aspekt, der einer *Dichterin* als *Stoff* (feinststofflich!) für eine Dichtung (z.B. ein Gedicht) dienen mag. Unsere Dichterin fühlt sich in einem lichten (Licht!) Moment durch einen Gedanken-Blitz (Licht!), eine Idee inspiriert (inspirare lat. = einatmen; spirit engl. = Geist). Auch eine Idee scheint eine Form von Energie darzustellen: Sie haben es wohl auch schon an sich selbst erlebt, wie eine Idee Ihren körperlichen, emotionalen und geistigen Zustand be-einflussen kann, als ob diese Idee-Energie in Sie hineinflösse, in Ihnen alles mögliche in Gang brächte, bis hin zu den materiellen Manifestationen (manus = Hand) Ihrer aus der Idee folgenden *Hand*-lungen.

Zurück zur Dichterin: Aus der ersten Idee entstehen vielleicht Gedanken, Bilder im Kopf der Dichterin, diese formen bzw. ver-dichten sich zu Worten und Klängen. Es folgt das *Nieder*-Schreiben. (Interessan-

terweise verbinden wir mit der Ver-Dichtung *hoher* Energie eine *Abwärts*bewegung in niederere Gefilde...) Danach wird die Idee ganz Materie, indem sie z.B. als Buch ge*druckt* wird. Aus dieser grobstofflichen Form der Idee-Energie (in der übrigens auch die Idee des Buch-Drucks mit drinsteckt) geht der Kreislauf weiter, wieder nach "oben", sobald eine Schauspielerin diese Idee (Rolle) ver-inner-licht, verkörpert und über den Körper-Aus*druck* und die Sprache, kunstvoll überhöht, eine Zuschauerin erreicht, berührt, beein*druckt* und bewegt. Im Glücks-Fall erlebt diese Zuschauerin ein er*hebendes* Gefühl und verlässt höchst zufrieden und be*schwingt* (Schwingung! Schwingen = Flügel) durch die Auswirkungen feinstofflicher Energie und der künstlerischen Aus-Strahlung, selbst selig strahlend, das Theater. Sie fühlt sich be*reichert,* nicht nur durch einen Kunstgenuss, sondern vielleicht auch dadurch, dass sie dabei ein er-hellender (Licht!) Aspekt aus dem „Pool aller Wahrheiten" mitschwingend, energetisch er*reich*t hat.
– Beachten Sie bitte alle bewusst gewählten Worte, die ein *auf* und *ab,* ein *leicht* (light engl. = leicht, Licht) und *dicht* beschreiben. –
Ähnliche Erfahrungen kennen Sie wahrscheinlich aus dem Bereich musikalischer Dichtungen. Damit ist nachvollziehbar, wie über diesen Energie-Kreislauf die ursprüngliche Idee (Inspiration) durch Ver-dichtung und nachfolgender Auf-bereitung und Auf-führung „Nahrung für die Seele" darstellen kann (vgl. Bartussek 1998, II/2.3. „Nahrung für die Seele", S. 40).
Wohlgemerkt, so betrachtet, sind Dichtung und Wahrheit nicht zwei einander widersprechende oder gar ausschließende Aspekte einer Realitätsbeschreibung, sondern die Wahrheit bedarf der Ver-Dichtung, um, dadurch in Form gebracht, wirken zu können – also *Wirklich*keit und damit wieder *Wahr*heit zu werden.
Nun lade ich Sie ein zu erforschen, wie sich das Energiekontinuum (von Geistig-Feinstofflichem zu Materiell-Grobstofflichem) von *oben* (hoch, fein) nach *unten* (tief, grob) im *Menschen* manifestiert. Dazu vergegenwärtigen Sie sich all jene Begriffe, die Sie mit dem menschlichen Körper von Kopf *(oben)* bis Fuß *(unten)* verbinden. Auch bitte ich Sie, den Wahrheiten nachzuspüren, die in einem Stein für Sie verdichtet sind. Gehen Sie am besten an Hand der nächsten Übungen vor.

3.2.1. Übung: Kopf Brust Bauch

Für diese Übung brauchen Sie (siehe „Dichtung") Papier und Schreibzeug. Auf drei verschiedenen Blättern bitte ich Sie, jeweils all Ihre Assoziationen bezüglich je eines dieser drei Körperbereiche niederzuschreiben:

- Kopf
- Brust
- Bauch

Denken Sie dabei an Funktionen der Organe in dem jeweiligen Körperbereich, an zugeschriebene Gefühls- und Gedankenmuster, Redewendungen, geflügelte Worte, Metaphern und Wortverknüpfungen: Was verbinden wir und unsere Sprache mit diesen drei sehr unterschiedlichen Körpergegenden?

Erster Schritt „Sammeln"

Geben Sie sich (allein oder in einer Kleingruppe) jeweils ungefähr 15 Minuten Zeit, um die Begriffe zu sammeln und zu notieren. Die hier folgende Auflistung soll nur zur Anregung dienen. Lesen Sie sie nur so weit durch, bis Ihnen die Vorgehensweise klar ist. Finden Sie Ihre eigenen Assoziationen! Sie haben etwas mit Ihnen und Ihrer diesbezüglichen Bewusstheit zu tun.

Eine Auswahl weiterer Assoziationen ist im Anhang B aufgelistet, falls Sie unbedingt Unterstützung brauchen.

• Körperbereich *Kopf*

Beispiel:

– einen kühlen Kopf bewahren • • – nicht ganz hell, klar im Kopf sein • • •	– Kopf hoch! • • • – hochnäsig • • •	– Gehirn • • • – Verstand – Geist – Geistesblitz • • •

Zweiter Schritt „Ordnen"
In Sinne des Brainstormings (vgl. Bartussek 1998, II/1.2., S. 36) müssen die assoziativen Verbindungen zunächst weder bewertet noch sortiert werden. Erst in einer zweiten Runde bitte ich Sie nun, aus der Menge aller gefundenen Begriffe *drei Haupt-Gruppen* zu finden, die jeweils ein für Sie charakteristisches Thema repräsentieren.

Beispiel:
„Kopf" steht für mich (uns) symbolisch für
1. Informations-Aufnahme und -Verarbeitung
2. ...
3. ...

Dritter Schritt „Beschreiben"
Überlegen und notieren Sie auch, ob Sie diesem Bereich eher fein- oder grobstoffliche Energien zuordnen würden. Um die drei Themen zu differenzieren, finden Sie intuitiv Eigenschaftswörter, die Sie den Energien zuordnen können. Auch bezüglich der Aggregatzustände können Sie Zuordnungen finden.

Beispiel:
„Kopf-Energien" sind für mich (uns) eher ..., und zwar:
1. luftig, leicht
2. ...
3. ...

Ebenso gehen Sie mit den Körperbereichen *Brust* und *Bauch* vor.

• Körperbereich *Brust*

Erster Schritt
Beispiel:
- Heldenbrust
- Brust-Ton der Überzeugung
- von ganzem Herzen

Zweiter Schritt

Beispiel:

„Brust" steht für mich (uns) symbolisch für

1. Herz und Liebe
2. ...
3. ...

Dritter Schritt

„Brust-Energien" sind für mich (uns) eher ..., und zwar:

1. schmelzend, fließend
2. ...
3. ...

• Körperbereich *Bauch*

Erster Schritt

Beispiel:

- aus dem Bauch heraus entscheiden
- verführerischer Hüftschwung
- Wut im Bauch (Zorn, Ingrimm)

Zweiter Schritt

„Bauch" steht für mich (uns) symbolisch für

1. Überleben
2. ...
3. ...

Dritter Schritt

„Bauch-Energien" sind für mich (uns) eher ..., und zwar:

1. dicht, fest
2. ...
3. ...

Zusammenfassung:

Zum Schluss vergleichen Sie noch einmal Ihre Ergebnisse zu Kopf Brust Bauch und stellen Sie sie einander gegenüber, speziell Ihre Beschreibungen der Energie-Qualitäten. Können Sie von oben nach unten verschiedene „Dichtheits-Grade" zuordnen? Sollten Sie mit der Einschätzung der Energien noch Probleme haben, vergegenwärtigen Sie sich folgende mögliche „Bedürfnis-Pyramide":

Ich bin klar im Kopf.
Mir wird ganz warm um's Herz.
Plenus venter non studet libenter.
(Ein voller Bauch studiert nicht gern.)
Alles klar?

3.2.2. Übung: Augen Blicke

Es heißt, die Augen seien die „Fenster zur Seele". Jedenfalls können die Augen sehr unterschiedliche Energien ausstrahlen. Somit ist der Blick-Kontakt grundlegendes Element bei den allermeisten zwischenmenschlichen Begegnungen.
Wie Sie sicher selbst erfahren haben, können die Energien mancher Augen-Blicke (feinstofflich) spontan heftige Reaktionen (grobstofflich) im Körper auslösen (z.B. erröten).
Nun bitte ich Sie (allein oder in Kleingruppen), noch einmal sich mit Papier und Bleistift hinzusetzen und in Ihrem Erfahrungsschatz zu kramen. Schreiben Sie bitte nieder, „verdichten" Sie Ihre Erfahrungen, wie Blicke sein können.
Was erleben Sie, wenn Sie auf bestimmte Art und Weise angeblickt werden, was löst es in Ihnen, in Ihrem Körper aus? Wie drücken Sie sich aus, wenn Sie in einer bestimmten Situation, ohne Worte, nur mit einem Blick, etwas klar machen wollen?
Beschreiben Sie eine Palette von mindestens zwölf Möglichkeiten (etwa von Blicken, die mich erröten lassen bis hin zu Blicken, die töten können). Achten Sie aber darauf, dass Sie nicht Gefühle beschreiben, die sich selbstverständlich auch im Blick widerspiegeln (z.B. trauriger Blick, wütender Blick, liebender Blick etc.). Es geht mehr um die Art des Schauens!
Um zu sehen, was ich meine, lesen Sie die Beispiele und sam-

meln dann selbständig weiter. Nur in höchster Notlage blättern Sie zum Anhang B!

Erster Schritt „Sammeln"
Beispiele:

- Blicke, die treffen, die betroffen machen
- Blicke, die durch und durch gehen
- Blicke, die verführen

•
•

- jemanden mit Blicken ausziehen
- verständnisvoller Blick
- bewundernder Blick

•
•
•

Zweiter Schritt „Auswählen"
Wählen Sie jetzt von Ihren (mindestens 12) gesammelten Blick-Arten drei möglichst unterschiedliche aus, von denen Sie auch ein eindeutiges Bild haben, wie so ein Blick unmissverständlich aussieht:
Meine/unsere Blicke heißen:
1. ...
2. ...
3. ...

Dritter Schritt „Verkörpern"
Verdichten Sie jetzt Blick-Energien durch mimische Demonstration. Ich bitte Sie, Ihre drei gewählten „Blicke" körpersprachlich klar und deutlich zu ver-an-schau-lichen, indem Sie mittels Ihrer Er*inner*ung (innen!) und Ein*bild*ungskraft (Bild!) die jeweilige Situation nach-empfinden (finden! spüren!). Solcherart können Sie sich in die entsprechende Person versetzen und den Blicken der Zu-Schauerinnen aussetzen. Ihr „Blick" soll erraten werden. Falls Sie eine Partnerin brauchen, der Sie Ihren Blick zuwerfen, wählen Sie sich entweder jemanden aus Ihrer Kleingruppe oder aus dem Publikum.
Wichtig! Lassen Sie sich Zeit, sich zu spüren, zu atmen, sich

einzu-stimmen – umso stimmiger wird Ihre Darstellung und umso treffender wird Ihr „Blick“ erkannt und benannt werden können.

Zusammenfassung:
Finden Sie bitte gemeinsam Möglichkeiten zu beschreiben, was in dem jeweiligen Blick oder Blick-Austausch *energetisch* abläuft. Was spüren Sie als Darstellerin? Was nehmen Sie als Zuschauerin wahr? In welche Richtung fließt Energie, welche Farbe, Form, Intensität könnte sie haben, wie hoch oder nieder, wie dicht ist die Energie? Vertrauen Sie Ihrer Intuition.
Falls Sie nichts davon wahrnehmen oder sich vorstellen können, ist das auch in Ordnung. Nehmen Sie das, was andere zu beobachten glauben ernst, auch wenn manche Meldungen sehr widersprüchlich erscheinen. Lassen Sie sie nebeneinander stehen.
Es geht nicht darum, recht zu haben, sondern zu erlauben, dass sich alle in ihren subjektiven Wirklichkeiten bewegen, und zwar ständig, und aus diesen ihren subjektiven Wirklichkeiten heraus agieren und re-agieren, und zwar ständig!

3.2.3. Übung: Ein Stein All Ein

Wir befinden uns noch immer im Kapitel „Dichtung und Wahrheit“. Während Einstein eine Formel fand für den Zusammenhang zwischen Energie und Masse, hieß es bei den Schamanen immer schon, dass ein Stein mit seiner Masse sehr viel Energie gespeichert hätte, die während des Rituals einer „Schwitzhütte“ wieder freigesetzt würde. Sei es wie es sei - Dichtung und Wahrheit oder Wirklichkeit!
Bleiben wir für diese Übung doch noch ein bißchen bei dem Bild von „verdichteter Wahrheit“, die sich auch in einem Stein manifestieren kann, der ja seit jeher mit dem All verbunden ist.
Was ich Sie jetzt bitte, ist, sich zehn Minuten ganz all-ein einem Stein zu widmen und sich dabei ganz auf die ihm innewohnende Wahrheit und seine Energie einzuschwingen. Was

sind schon zehn Minuten, verglichen mit den Zeiträumen, die dieser Stein schon existiert? Machen Sie sich das bewusst und ebenso, dass sie zusammen mit diesem Stein jetzt für 10 Minuten allein mit dem *All eins* sein können, d.h. Sie sind mit *allem* verbunden (allein engl. alone = all-one).

In der Praxis ist das ganz einfach:
Sie bekommen (von der Gruppenleiterin),
finden (am Spazierweg),
oder haben (zu Hause)
irgendeinen Stein (ganz, halb oder gar nicht edel)
– vorzugsweise naturbelassen –
nehmen ihn in die Hand und setzen sich
– vorzugsweise aufrecht –
damit an einen richtigen Platz.
(Vielleicht sitzen Sie jetzt mit Ihrem Kraft-Objekt auf einem Kraft-Platz – umso besser!)

- Spüren Sie sich selbst und Ihre Mitte.
- Vergegenwärtigen Sie sich Ihre Licht-Kugel.
- Nehmen Sie Ihren Atem wahr.
- Ab jetzt haben Sie zehn Minuten Zeit
  - Ihren Stein ganz genau zu betrachten
  - jedes Detail an Farbe, Form, Beschaffenheit zu registrieren
  - mit Ihren Gedanken stets beim Stein zu bleiben
  - zu beobachten, was er mit Ihnen zu tun hat
  - zu erahnen, was er Ihnen für Informationen geben möchte
  - sich mit seiner Energie zu verbinden
  - Bilder, Farben, Formen dieser Energie auftauchen zu lassen
  - wahrzunehmen, was sich somit noch tut, ohne einzugreifen
  - und wieder
- sich selbst zu spüren.
- Ihre Licht-Kugel,
- Ihren Atem wahrzunehmen.

Möglicherweise gibt es diverse Dinge, die Sie davon abhalten wollen, diese zehn Minuten konzentriert durchzuhalten. Das ist normal. Häufig sind es zwei Faktoren:

(1) Störung von innen: Ihre eigenen Gedanken!
Tipp: Was immer an Gedanken dazwischenfunkt - registrieren und wieder ziehen lassen, ohne dagegen anzukämpfen.

(2) Störung von außen: Lärm, Geräusche, Fliegen etc.
Tipp: Funktionieren Sie jede „Störung" um in ein „Erinnert-Werden", Ihre Konzentration zu vertiefen. Seien Sie dankbar für diese „Erinnerung".

Falls Sie eine derartige Konzentrations-Übung das erste Mal machen, seien Sie mit *jedem* Ergebnis, das sich einstellt, zufrieden. „Kein Ergebnis" ist auch ein Ergebnis. Vertrauen Sie darauf, dass der Körper sehr schnell lernt, aber trotzdem nicht immer von heute auf morgen. Für manche der angestrebten Resultate stimmt der Vergleich mit der Natur: Erst muss der Samen gelegt sein (zum richtigen Zeitpunkt, in den passenden Boden), dann wird bei entsprechender Pflege einmal ein Baum daraus. Doch dieses Wachstum braucht seine Zeit. Also besser gleich anfangen, denn die Zeit vergeht so oder so – oder Sie verzichten auf den Baum. Das ist Ihre Entscheidung.

Ein möglicher Abschluss dieser Übung in einer Gruppe ist, sich in Ruhe zu zweit zusammenzusetzen und einander zu erzählen, wie es Ihnen in den zehn Minuten ergangen ist und welche Wahrheiten, Energien oder andere Informationen Sie aus dem Stein „lesen" konnten. All das erzählt Ihnen auch etwas über Sie selbst! Partnerin A erzählt für 3½ Minuten, B hört nur zu. Dann ertönt ein Zeichen für den Wechsel: B erzählt und A hört nur zu für weitere 3½ Minuten.

Werfen Sie den Stein nicht achtlos wieder weg, sondern finden Sie Ihre eigene Form, ihn dem All wieder zurückzugeben oder be-wahren Sie ihn!

3.3. Alltag, Bühne und Charisma

Im letzten Teil dieses Kapitels über verschiedenste Annahmen bezüglich „feinstofflicher Energien“ und ihrer praktischen Auswirkungen im Alltag wollen wir das bisher Erübte zusammenfassen, um es dann in eine spezielle Kommunikationssituation zu setzen.

Sie haben sich im Erspüren von Energien (vgl. I/3.1.3. Spürlichkeitstest, S. 21) und Informationen (vgl. I/3.2.3. Ein Stein All Ein, S. 49) geübt. Sie haben auch schon herausgefunden, welche Grob- oder Feinstofflichkeiten mit Ihren Körperteilen zusammenhängen (vgl. I/3.2.1. Kopf - Brust - Bauch, S. 44) und wie Ihr ganzes Wesen über Ihre Augen, als Fenster zur Seele, verschiedenste Energien aussendet und empfängt (vgl. I/3.2.2. Augen Blicke, S. 47). Weiter wurde Ihnen klar, welche Rolle der Atem als Träger des Lebens und der Lebendigkeit spielt (vgl. I/3.1.1. Lebendigkeitstest, S. 37 und I/3.1.2. Verständlichkeitstest, S. 39). Sie haben – hoffentlich – auch schon erfahren, dass Sie Ihre Ausstrahlung (vgl. I/2 Körper – Seele – Geist, ein Energie-System, S. 22) selbst beeinflussen können durch ganz gezieltes, konsequentes Bewusstseinstraining.

Man spricht von charismatischen Persönlichkeiten, wenn Personen eine ganz spezielle Ausstrahlung, ein Flair, eine besondere Aura besitzen und aus diesem ihren Geistes-Energie-Zustand heraus handeln bzw. leben: Unter diesen Menschen finden sich auch immer wieder „begnadete“ Künstler.

Wie können wir unser Charisma ent-decken und ent-falten? Vielleicht finden wir auch ein unent-wickeltes Talent in uns, das sich ausdrücken möchte, sei es durch schöpferisches „Verdichten“ von „energetischen Wirklichkeiten“ (z.B. als Dichterin, Malerin, Komponistin) oder als „reproduzierende Künstlerin“ (z.B. als Schauspielerin, Musikerin). Letztere sind dabei diejenigen, die als Ver-Mittlerinnen des Kunstwerkes auf der Bühne stehen und direkt mit dem Publikum in Kommunikation treten. Sie sollten sich genauso mit allen feinstofflich-energetischen Abläufen und nonverbalen Grundprinzipien beschäftigen wie alle, die ihre zwischenmenschlichen Begegnungen und Austausche bewusst gestalten möchten.

Für alle alltäglichen Begegnungen, beruflicher und privater Natur,
- Verhandlungen
- Bewerbungen
- Unterrichtssituationen
- Diskussionen
- aufkeimende Konflikte
- Durchsetzungswünsche
- Kommunikationsschwierigkeiten
- für jeden zwischenmenschlichen Kontakt im Alltag

gelten die gleichen Zielsetzungen wie für die Bühne – es geht also gleichermaßen darum:

(1) wirklich *präsent* zu sein
(2) gehört und gesehen zu werden
(3) Interesse und Aufmerksamkeit zu bekommen
(4) mit einem Anliegen anzukommen
(5) verstanden zu werden
(6) Mißverständnisse zu vermeiden bzw. rechtzeitig zu erkennen und zu klären
(7) glaubwürdig und *wahr*haftig zu sein
(8) überzeugen zu können und
(9) in jeder Situation entsprechend bewusst und angemessen agieren und re-agieren zu können und somit
(10) eine für alle Beteiligten angenehme (annehmen!), klärende (klar!) bzw. bereichernde (reich!) Kommunikation mit Respekt und Achtung zu praktizieren bzw. die künstlerische Botschaft zu vermitteln.

Somit können wir in vielen Fällen von Bühnenerfahrungen für unseren Alltag lernen und umgekehrt! Wollen wir uns doch noch einige weitere Erkenntnisse zunutze machen. Wir haben schon von der Bedeutung des Atems im Zusammenhang mit unserer Lebendigkeit und unserer Lebensenergie gehört. Ich möchte Sie jetzt auf ein weiteres Phänomen hinweisen: *Atmen ist ansteckend!*

Natürlich nicht die Tatsache, *dass* wir atmen, sondern *wie* wir atmen. Ich meine jetzt auch nicht die erwähnten Kindheitsprägungen, die zu unseren alten Atem-Mustern führten.

Ich meine, die Ansteckung durch *Gähnen.* Sie ist konkret erlebbar für jeden. Aber auch *Lachen* steckt an.

Ein weiteres Phänomen: Sicher haben Sie selbst schon jene Atemnot erlebt, in die Sie kommen, wenn Sie einer Opernsängerin zuhören, die einen Ton „ewig lang“ aushält („beklemmendes“ oder „lustvolles“ Hinhalten).
Es gibt Aufzeichnungen der Zwerchfelltätigkeit der Musiker eines Streichquartetts: Wenn sie in ihrer Interpretation übereinstimmten (stimmig, Stimme), atmeten sie gleich. Ja, sogar Atmung von Schauspielerinnen und Zuschauerinnen wurden untersucht und siehe da: Kam von der Schauspielerin genügend „über die Rampe“, hatte sie eine starke Ausstrahlung, vermochte sie zu „fesseln“ (vgl. „Goldfäden“ in I/3.3.1. „Ihr Auftritt bitte!“, S. 54), dann atmete das Publikum im Gleichklang mit ihr.
Es scheint so zu sein, dass der Atem eine wesentliche Grundlage für das Funktionieren der lebendigen *live*-Kommunikation darstellt.
Wenn wir uns noch einmal das Lachen ansehen, dann können wir folgendes entdecken: *Herzhaftes Lachen öffnet!*
(vgl. „Herz“ in Kap. I/3.2.1. Kopf Brust Bauch, S. 44) Wie wir uns körperlich öffnen oder verschließen, behandle ich in Kap. II/1.3.3. „Sich verschließen, abgrenzen oder zurückhalten“, S. 87). Hier geht es mir vor allem um energetische Aspekte, und „öffnen“ bedeutet in diesem Sinn, dass Energien fließen können (wie „Schleusen öffnen“).
Auch dies scheint eine wesentliche Grundlage für das Funktionieren der zwischenmenschlichen Kommunikation zu sein. Darauf zu achten, ist wichtig für die Bühne sowie im Alltag! Wie sonst soll ich mit meinem Anliegen ankommen (Punkt 4), wenn meine Gesprächspartnerin nicht offen dafür ist?
Spielen Sie mit folgender Assoziations-Kette:
Offenheit – Ehrlichkeit – Wahrhaftigkeit – Wahrheit – Wirklichkeit – Wirksamkeit
und erforschen Sie gleich die Umsetzung mit den nächsten beiden Übungen.

3.3.1. Übung: Ihr Auftritt, bitte!

In dieser Übung geht es darum, dass Sie erproben, wie gut Sie von den oben erwähnten 10 Punkten die ersten drei bis vier bereits beherrschen.
(1) gehört und gesehen zu werden

(2) wirklich *präsent* zu sein
(3) Interesse und Aufmerksamkeit zu bekommen
(4) mit Ihrem Anliegen anzukommen

Nehmen Sie die Gelegenheit wahr, im Folgenden eine spezielle Situation durchzuspielen.

a)

- Überlegen Sie sich Ihr „Anliegen". *Ein* Satz genügt!
- Stehen Sie auf, treten Sie vor die Gruppe und sagen Sie Ihren Satz.

So weit, so gut. Registrieren Sie den bisherigen Verlauf.

b)

- Jetzt bitte ich Sie für Ihren Auftritt, folgende Vorbereitungsphasen bewusst zu durchlaufen:
  (1) Definieren Sie Ihre „Bühne", Ihren Standort, in Größe und Relation zum Publikum.
  (2) Nehmen Sie davon getrennt einen Bereich an, wo Sie sich vorbereiten können, so als ob Sie noch nicht gesehen würden (im Theater: Auftritt aus der „Gasse").
  (3) Ganz wichtig: Spüren Sie Ihre Füße und den Boden! Es geht um Ihren *Auf-tritt!*
  (4) Vergegenwärtigen Sie sich Ihre Licht-Kugel und Ihre „Mitte".
  (5) Neu: Visualisieren Sie Verbindungen, z.B. ähnlich wie goldene, elastische Fäden von Ihrem Brustkorb zu jeder einzelnen Zuseherin.
  (6) Jetzt treten Sie ganz bewusst aus Ihrem (imaginären) Vorbereitungsbereich vor das Publikum.
  (7) Bleiben Sie in der Mitte Ihres definierten Bühnenbereichs stehen. Lassen Sie sich Zeit.
  (8) Nehmen Sie mit (möglichst) allen Blickkontakt auf. Atmen Sie dabei normal weiter. Stellen Sie sich vor, wie durch Ihren Blickkontakt und die Goldfäden bereits eine energetische Verbindung zwischen Ihnen und dem Publikum wirksam ist.
  (9) Jetzt erst sagen Sie Ihren Satz! Spüren Sie der Wirkung Ihrer Worte nach. Halten Sie dabei Blickkontakt.
  (10) Ohne Eile wenden Sie sich zum Abgehen und behalten

Ihr Bewusstsein von Erdung, Licht-Kugel, Goldfäden, Atmung *bis Sie* den Bühnenbereich *ganz verlassen* haben. Erst jetzt dürfen Sie „abschalten", sich wenn nötig lockern und wieder „privat" werden.

Vergleichen Sie gemeinsam mit Ihrem Publikum in einem kurzen Austausch Ihre beiden Auftritte a) und b)und deren Wirkungen. Berücksichtigen Sie dabei aber, dass Sie möglicherweise den Hauptteil Ihrer Energie für die Konzentration auf all die Bewusstseinsaufgaben verwendet haben, sodass nicht viel für Ihre Ausstrahlung übrig geblieben sein mag. Auch eine vorläufige „Unnatürlichkeit" mag mit der Ungewohntheit der Situation einhergehen. Bedenken Sie, dass all diese Prozesse durch x-malige Wiederholung und Übung erst automatisiert werden müssen (vgl. Autofahren), bevor Sie damit souverän umgehen können.

Natürlich finden wir immer wieder Menschen, die das alles nicht brauchen, bei denen auf Anhieb einfach alles stimmt. Gehören Sie zu diesen, seien Sie froh und schätzen Sie diese Ihre Fähigkeiten. Es geht um diejenigen, die das auch können wollen, die dabei sind, ihre Talente gezielt zu ent-falten. Also, nur Mut und Geduld!

Die Anwendungsmöglichkeiten der erübten Fähigkeiten in der Praxis sind vielfach: von Situationen auf der Bühne bis zum Familientreffen –

- Ansage einer Sängerin oder eines Liedes
- Entschuldigung wegen Indisponiertheit
- Vorstellen einer Szene bei Aufnahmeprüfungen
- sich Gehör verschaffen bei Familienfeiern
- als Reiseleiterin Tagesplanung verkünden
- eine Rede halten bei Firmenjubiläum
- Bewerbungsgespräch führen
- Reklamationen vorbringen etc.

Anmerkung: Eine weitere Verstärkung Ihrer Präsenz erreichen Sie durch Ihre Haltung. Dazu darf ich Sie auf das Kapitel II/1. „Ich im Körper", S. 60 verweisen.

3.3.2. Übung: Die Lachparade

Nun können Sie einen weiteren „Auftritt" beobachten, wobei sich durch die Aufgabenstellung Präsenz, Öffnung und Ausstrahlung verändern können. Auf Befehl wahrhaftig zu lachen ist sehr schwer. Dennoch schlage ich Ihnen genau hier eine Lach-Übung vor. Tun Sie's einfach und beobachten Sie wieder, wie Sie sich vorher und nachher fühlen und was passiert: Die Hälfte der Gruppe ist Publikum und Beobachter, die andere Hälfte stellt sich in einer Reihe, nebeneinander, in den als „Bühne" definierten Bereich.

(1) Alle stehen gerade und blicken geradeaus.
(2) Die erste (links außen) beginnt zu lachen (herzhaft und ehrlich, so gut es eben geht).
(3) Sie wendet nun – weiter lachend – den Kopf zur Nachbarin.
(4) Sobald die Nachbarin das merkt, dreht sie ihren Kopf der 1. Lacherin zu, schaut sie an und beginnt ebenfalls zu lachen.
(5) Nachdem also die Zweite das Lachen von der Ersten übernommen hat (die Erste lacht aber weiter), wenden beide ihre Köpfe wieder lachend nach vorne.
(6) Jetzt wiederholt sich der Vorgang zwischen zweiter und dritter Person in der Reihe.
(7) Das Lachen pflanzt sich auf diese Weise bis an's andere Ende der Reihe fort, bis alle dastehen und lauthals das Publikum anlachen (Mitlachen erlaubt!).
(8) Auf ein Zeichen, dass die Reihe durch ist, lässt die Erste der Reihe ihr Lachen ersterben, wendet ernst den Kopf zur Zweiten, die schaut die Erste an: Auch ihr Lachen bleibt ihr im Halse stecken etc.
(9) Achtung: Der Unterschied zum ersten Durchgang ist, dass die Köpfe zur Nachbarin gewandt bleiben. Es blicken also am Schluss alle zur Letzten in der Reihe, die noch lacht.
(10) Sobald die Letzte das merkt, wird auch ihr das Lachen vergehen.

Achten Sie darauf, dass wenn Sie lachen, Sie dauernd lachen (auch, wenn's anstrengt) und dass wenn Sie ernst sind, Sie

ernst bleiben (auch wenn's der Konzentration bedarf). Sie merken, vieles bei dieser Arbeit hat mit der Schulung Ihrer Konzentration zu tun. Falls Sie bereits in der Lage sind, den momentanen Zustand Ihrer Erdung und Ihrer Licht-Kugel wahrzunehmen, registrieren Sie, inwieweit die Übung eine Veränderung bei Ihnen bewirkt hat (sei es lachend oder beobachtend).
Machen Sie sich bereit für den zweiten Durchgang (Rollenwechsel) und achten Sie auf die Momente, wo das „gemachte" Lachen in „echtes" Lachen übergeht.

Lachen befreit.
Lachen verbindet.
Lachen ist die beste Medizin.
Der Mensch denkt und Gott lenkt.
Der Mensch dachte und Gott ...

3.3.3. Übung: Ich will. Ich bin bereit.
Nachdem Sie in Übung I/3.2.2. („Augen Blicke", S. 47) schon einmal Energien in Ihrem Körper verdichtet haben, mögen Sie sich nun im Erspüren und Unterscheiden zweier ähnlicher Energien erproben.
Als letzte Übung also dieses ersten Teils des Buches, der die Bandbreite der Körperbewusstseinsarbeit und die zugrunde gelegten Arbeitshypothesen aufzeigt, bitte ich Sie, sich folgende Energien „herzuholen", in Ihrem Körper wirken zu lassen und zu verkörpern.
(1) Spüren Sie Ihren Körper, Ihre Erdung und Licht-Kugel, Ihren Atem und machen sich innerlich leer.
Konzentrieren Sie sich jetzt auf die Energie, die für Sie in den Worten *„Ich will"* steckt. Lassen Sie diese Energie sich in Ihrem Körper ausbreiten, lassen Sie sich von ihr bewegen und sie so zu einem Körperausdruck führen. Zuerst fein und zart, dann immer deutlicher und immer größer bis zu einer expressiven Körperhaltung. Sie verkörpern jetzt Ihr persönliches *„Ich will"*. Merken Sie sich Haltung, Gestik, Mimik und Körperspannung und lassen wieder los.

(2) Durchlaufen Sie nun denselben Prozess mit dem zweiten Begriff, „Ich bin bereit".

Nachdem jede Gruppenteilnehmerin beide Energien für sich verkörpert und gemerkt hat, stellen alle zuerst (1), dann (2) noch einmal dar. Finden Sie jene Qualitäten dieser Energien, die für alle Teilnehmerinnen gleich sind (akzeptieren Sie widersprüchliche Ergebnisse).

Sie werden wahrnehmen, dass Ihr Körper sehr klare (auch feine) Unterschiede kennt und auszudrücken versteht, *ohne* dass sie intellektuell die Bedeutungen von (1) und (2) analysieren.

Außerdem bekommen Sie einen Vorgeschmack davon, was es bedeuten kann, „sich Energien herzuholen" (vgl. III/3.3. „Mimo-Sonanz", S. 155).

Nehmen wir einmal an, Sie entscheiden sich, weiterhin diesen Bewusstseinsweg zu gehen, dann nützen Sie dafür gleich beide Energien: „Ich will. Ich bin bereit."

II. Die Körper-Haltungen oder Du bist wie Du Dich bewegst

Wir haben uns im ersten Teil dieses Buches vornehmlich mit Grundlagen, Arbeitshypothesen und verschiedenen Modellen zum Begriff „Energie“ beschäftigt. Auch haben wir schon versucht unterschiedliche „Energie-Qualitäten“ zu erspüren oder gar körperlich umzusetzen.
Im zweiten Teil nun wollen wir uns die konkreten Auswirkungen von „Vor-Stellungen“ und „Ein-Stellungen“ auf die körperlichen „Stellungen“, sprich Haltungen, anschauen, ebenso in welchem Verhältnis der Körper zu Raum und Zeit steht.

1. Ich im Körper

Wollen wir Körperhaltungen ver-stehen, ist es notwendig, sie auch nach-zu-emp-finden. Dies wiederum ist nur dann möglich, wenn wir uns selbst in die verschiedensten Haltungen hinein *begeben* und dazu die *gegebenen* Bewegungsmöglichkeiten der einzelnen Körperbereiche sowie eine definierte Ausgangs-Haltung anschauen.

1.1. Modelle der „Auf-richtig-keit" oder „Wie stehe ich denn da?"

Ich gehe davon aus, dass die Grundhaltung, von der wir alle Variationen ableiten können, die des *aufrechten Stehens* ist. Wieder zeigt uns der Sprachgebrauch wörtlich, welche Geisteshaltung sich im körperlichen Erscheinungsbild *offen*bart: Hier steht ein *aufrechter, geradliniger* Mensch einem *„schrägen* Typen auf der *schiefen* Bahn“ oder jemandem, der „sich *windet*“ bzw. *„krumme* Sachen *dreht*“ gegenüber. Sich aufrichten hat etwas mit aufrecht sein zu tun. Wieder führt uns

die *Aufrichtigkeit* assoziativ zur *Wahrhaftigkeit* und somit zu einem wichtigen Aspekt im menschlichen Umgang miteinander: zur *Glaubwürdigkeit*, die die Basis darstellt für unsere *Überzeugungskraft*.
Es ist also sehr wertvoll, sich mit der Aufrichtung als Ausgangsposition genauer zu beschäftigen. *Behalten* Sie dabei im Bewusstsein, dass eine Ausgangsposition, eine *Haltung* etwas *Statisches* ist. Sie bein*haltet* für mich zwei Begriffe:

- *Halt* als etwas Stabilisierendes und Bewahrendes, aber auch
- *Halt* als etwas Abgrenzendes, Abwehrendes, ein Stopp.

Beides hängt mit *Sicherheits*gefühl zusammen, und das ist es, was wir für uns nützen können, wenn wir eine klare Haltung einnehmen!
Also zurück zum aufrechten Stehen als Grundhaltung.
Bei der Betrachtung von Körperhaltungen und dem Anliegen, dabei systematisch vorgehen zu können, kommt uns die Arbeit von Etienne Decroux (Decroux 1977), dem Vater der meisten westlichen Mimen/Pantomimen, und seiner "mime corporelle" zugute. Ich erlaube mir, kurz die sehr klare Grundstruktur im folgenden wiederzugeben:
Stellen Sie sich zwischen den in Kapitel I/3.2.1., S. ..., schon behandelten drei „Hauptteilen“ *Kopf Brustkorb* und *Becken* noch je einen „Verbindungsteil“ vor, der bestimmte Bewegungen und Haltungen erst ermöglicht: Zwischen Kopf und Brustkorb hat diese Funktion der *Hals*, zwischen Brustkorb und Becken die *„Gürtel-Linie“*, jener schmale Bereich zwischen unterster Rippe und oberem Rand des Beckenknochens. Diese fünf Teile ruhen nun ihrerseits auf den Beinen und Füßen. Einzelne Körperbereiche können zueinander in drei verschiedenen Arten bewegt werden:
(1) *Drehen* (2 Richtungen: links, rechts)
(2) *Neigen* (4 Richtungen: links, rechts, vor, zurück)
(3) *Verschieben* (6 Richtungen: links, rechts, vor, zurück, auf, ab)
Somit können wir für die Grundhaltung modellhaft wie mit Bauklötzen ein aufrecht stehendes Figürchen zusammensetzen (vgl. Skizze 5), indem wir von unten beginnend einen Würfel (entspricht jeweils einem Körperbereich) nach dem anderen möglichst genau und gerade (d.h. ohne Verdrehung, ohne Verschiebung und ohne Verkantung) aufeinander stellen. (Dieses Modell finden Sie auch bei der „Rolfing“ genannten Körperarbeit nach Ida Rolf [Rolf 1993].)

Das Modell der Grund-Haltung „Bauklötze"

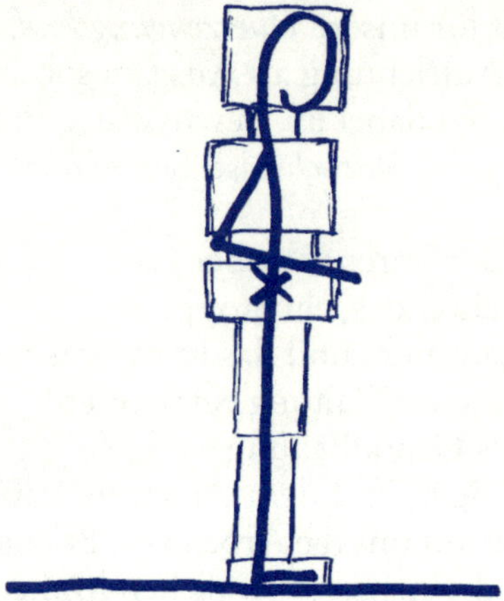

Skizze 5

Für mich kommt bei diesem Modell allerdings noch ein Effekt in's Spiel, den wir erleben, wenn wir einen sehr hohen Turm aus Würfeln bauen: Versuchen wir, ganz oben noch einen Baustein draufzusetzen, beeinflussen wir darunterliegende Steine, indem sie sich verschieben oder verdrehen bzw. der ganze Turm wackelt und - sollte der Turm einmal doch umfallen - liegen lauter verstreute Einzelteile am Boden umher, und darin unterscheidet sich das Modell vom Menschen sehr wesentlich.

Somit stellt sich die Frage nach dem Zusammenhalt und diese führt zu einem weiteren „Bild": Ich verwende bei meinen Demonstrationen gerne eine Springschnur (Hüpfseil), die nicht nur leicht zu transportieren ist, sondern sehr deutlich einen wichtigen Aspekt der Aufrichtung nachvoll*ziehen* lässt (vgl. Skizze 6).

Wenn ich jetzt jemand bitte, die Schnur am Boden ganz gerade - Teilbereich für Teilbereich - aufzulegen, wird der *Zusammenhang* der einzelnen Teile untereinander sichtbar. Rücke ich das Becken zurecht, verändern sich Beine und Gürtelbereich; korrigiere ich diesen, reagiert der Brustkorb und das Becken verrutscht wieder etc.

Aber es gibt *eine* sehr einfache und schnelle Methode, alle Teile wieder „ins Lot" zu bringen: Oben (am Scheitel) anziehen!

Das Modell der Grund-Haltung „Springschnur"

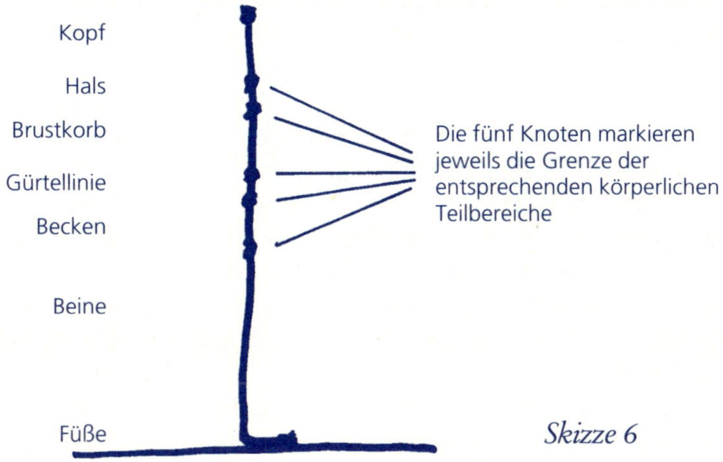

Skizze 6

Achtung! Es besteht die Gefahr des „Abhebens"! Daher unbedingt unten (am Fuß) festhalten (fester Halt = Verwurzelung, Erdung).
*Bemerkens*wert ist, dass dabei der Faktor der Spannung (wie fest ziehe ich?), also die Körperspannung, aber auch die Frage, wie spannend dieser Zu-Stand ist, deutlich wird.
Lassen Sie mich diesbezüglich Ihnen folgendes Bild mit zu Ihrem nächsten „Auf-Tritt" mitgeben: Ihr Körper in privater Situation kann mit einem Stück Stoff, Leinwand verglichen werden, das in einer Ecke liegt. Will nun eine Künstlerin/Malerin auf dieser Leinwand etwas von sich zum Ausdruck bringen, muss sie dieses Stück Stoff auf einen Rahmen *spannen*. Eine notwendige Voraussetzung ist hiermit geschaffen, aber noch nicht das Gemälde! Ab jetzt können wir mit *Spannung* die Schöpfung, die mit Pinsel und Farbe entsteht, verfolgen.
Wollen Sie etwas von sich zum Ausdruck bringen, sei es vor Publikum, Geschäftspartnern, in wichtigen Angelegenheiten im Familienkreis, müssen Sie Ihren Körper ausrichten, aufrichten und „auf-spannen". Ab diesem Moment werden wir mit Spannung Ihren Auf- oder Aus-Führungen folgen.
Ähnlich wie bei einem Saiten-Instrument muss die Spannung genau ab-ge*stimmt* sein auf die Gesamtsituation, und je nachdem wie die

*Stimm*ung ist, werden Sie dann ent-sprechend Ihre *Stimme* erheben. Letztendlich kann ich mit dem oben erwähnten Schnurmodell nicht nur einzelne Körperbereiche wie Segmente und deren Bewegung zueinander demonstrieren, sondern auch einen Bewegungsablauf vom Becken über die 24 Wirbel zum Kopf, der einer Welle gleichkommt. Bewegen Sie einfach ein Schnurende schnell genug hin und her, und Sie werden die Wellen durchlaufen sehen. Solche Wellenbewegungen können wir im Körper u.a. in ganz feinen Ansätzen bei emotionalen Reaktionen und, noch feinstofflicher, wenn „Wellen der Energie" unseren Körper durchfluten, feststellen.
In den nachfolgenden Übungen werden Sie Gelegenheit finden,Ihre Aufrichtung bewusst zu gestalten und damit als aufrechte Gestalt auch Ihre Erscheinung (scheinen = strahlen), Ihre Ausstrahlung und Präsenz allein durch rein körperliche „Ein-Stellung" zu verbessern.
Übrigens: Für Schauspielerinnen, Rednerinnen oder Sängerinnen ist diese bewusste Aufrichtung auch notwendig für die Tragfähigkeit ihrer Stimme! Wenn der Körper in Haltung und Spannung stimmt, stimmt auch die Stimme!

1.1.1. Übung: Das Hängebauchschwein-Modell

Bevor wir uns darin üben wollen, aufrecht auf unseren eigenen zwei Beinen zu stehen, möchte ich mit Ihnen noch eine Vorübung auf allen Vieren machen. Sie dient vor allem dazu, sich beim Einstellen auf Ihre Auf-Richtig-keit auch die angestrebte Flexibilität und das dazu nötige Bewusstsein in Ihrem Körper, vor allem in der Wirbelsäule, zu erlangen.
Berühmt ist die Katze für ihren Buckel und das Hängebauchschwein für seinen Bauch – zwei sehr entgegengesetzte Bilder! Diese gilt es, nachzuempfinden und allmählich und bewusst den Wechsel von einem zum anderen Bild nachzuvollziehen. Ein „Lehrwanderweg" entlang Ihrer 24 Wirbel! Diese Übung durfte ich von meinem holländischen Mimen-Kollegen Ide van Heiningen kennenlernen (vgl. Skizze 7).
Begeben Sie sich also bitte alle auf alle Viere. Nun entspannen Sie Ihren Bauch, lassen ihn (endlich einmal erwünschterweise) nach unten hängen. Becken, Brustkorb, Kopf folgen diesem Zug des Bauches, und Sie erleben eine Position

mit Hohlkreuz (Achtung: Nicht forcieren!) und erhobenem Haupt. Wieder verwenden Sie Ihre unerschöpfliche (Schöpferkraft!) Fantasie und lassen einen Marienkäfer am Kreuzbein starten in Richtung Scheitelpunkt des Kopfes. (Als Variante kann zur Hilfe eine Partnerin mit ihren Fingern tatsächlich die Wirbelsäule entlang krabbeln.)
Wo immer der Käfer gerade spürbar ist, reagieren Sie mit einer Bewegung nach oben (zum Himmel hin, so dass zuerst durch Beckenkippen das Hohlkreuz verschwindet und Wirbel für Wirbel der „Katzenbuckel" entsteht. Wenn der Marienkäfer bei den Halswirbeln anlangt, senken Sie zuerst den Nacken und nehmen zum Abschluss das Kinn auf die Brust.

Die Transformation vom Hängebauchschwein-Bauch zum Katzen-Buckel

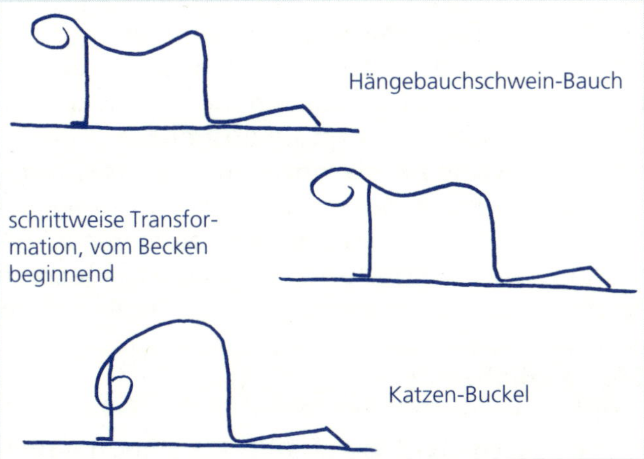

Skizze 7

Danach beginnt der Käfer wieder vom Kreuzbein aus auf den gerade entstandenen Katzenbuckel zu steigen, doch dabei senkt sich Stück um Stück das „Gelände" und der Hängebauchschwein-Bauch erscheint wieder.
Wichtig! Nicht mit einem Male von einer Position zur anderen umkippen, so als ob Sie ein Plastiklineal hin und her biegen würden, sondern die Bewegung wie eine Welle nach oben (zum Kopf hin) durchfließen lassen.

Wenn Sie mit einer Partnerin arbeiten, kann diese Ihnen auch jene Stellen, die nicht flexibel genug sind (wie ein Stück Brett im Rücken) mit den Fingern, die da krabbeln, ganz genau lokalisieren und spüren helfen.
Wiederholen Sie diese Wellenbewegung so oft, bis Sie Ihnen schnell, fließend und leicht gelingt.
Solchermaßen geschmeidig und sensibel gemacht, können Sie sich der Aufrichtung gemäß dem Baustein-Modell (vgl. nächste Übung, II/1.1.2.) widmen.

1.1.2. Übung: Das Baustein-Modell

Wir wollen jetzt gemeinsam, Schritt für Schritt, Baustein für Baustein, die für Sie richtige Einstellung als aufrechtes Wesen finden.
(1) *Position der Füße:* Stellen Sie sich einmal "ganz normal" hin, das Körpergewicht gleichermaßen auf links und rechts verteilt, und registrieren Sie danach die intuitiv gewählte Position Ihrer Füße. Wie sehr sind sie ausgedreht oder parallel? Wie weit sind sie voneinanderentfernt? Gut! Das stimmt jetzt gerade so für Sie. Registrieren Sie auch Ihr momentanes Befinden (Gefühle, Gedanken). Dieses persönliche Befinden passt zu Ihrer Fußstellung (und umgekehrt!). Jetzt bitte ich sie, ganz bewusst zu beobachten, wie sich Ihr Befinden verändert, wenn Sie

- Ihre Füße schließen oder
- sich breitbeinig hinstellen.

Drücken Sie mit Worten jeweils aus, was Ihnen dabei in den Sinn kommt und wie sich die neue Stellung anfühlt. Entdecken Sie, dass offen-*sicht*-lich Welten dazwischen liegen, erlebbare *Wirk*-lichkeiten lediglich aufgrund dieser beiden unterschiedlichen Fußstellungen, ohne noch andere körpersprachliche Signale miteinbezogen zu haben! Erfassen Sie auch die *Wechselwirkung:*

a) Sie wählen eine Fußposition, und ein bestimmtes Gefühl stellt sich ein.

Anwendung: Vor einer Rede fühlen Sie sich nervös und unsicher. Sie stellen sich *bewusst* etwas breitbeiniger hin, nehmen *bewusst* Ihre „erweiterte Standfestigkeit" wahr und – ein Ge- fühl von größerer Sicherheit stellt sich ein!

b) Sie wählen ein bestimmtes Gefühl und finden für sich selbst stimmig genau jene Fußposition, die dazu passt.

Anwendung: Sie können als Schauspielerin eine ängstlich-schüchterne Bitt-stellerin dar-stellen, indem Sie sich das Gefühl vor-stellen, sich auf diese Gefühls-Energie ein-stellen und erlauben, dass Ihre Füße die dementsprechende Stellung einnehmen. Beachten Sie, dass schon kleine Veränderungen der Fußstellung für Sie als verändertes Befinden erlebbar werden und vice versa.

Noch etwas: Welche Position ist es genau, die jetzt gerade für Sie stimmt? Gut. Nun verlagern Sie bitte Ihr Körpergewicht,

- weiter nach vorne, langsam weiter, bis Sie nach vorne umfallen. Kurz davor halten sie inne und nehmen Ihre Zehen wahr.
- Nun weiter nach hinten, langsam weiter, bis Sie nach hinten umfallen – doch kurz davor halten Sie inne und nehmen wieder Ihre Zehen wahr.

Sie, die Zehen, stehen wieder deutlich unter Spannung. Nun pendeln Sie sich in der Mitte zwischen diesen beiden Extremen ein. Sie haben Ihre Fußposition und Gleichgewicht gefunden.

(2) *Position der Knie:* Strecken Sie Ihre Knie ganz durch. Das Gelenk „rastet" ein. Das Bein wird steif. Sie befinden sich in „steifer" Gesellschaft. Ein kollegialer Schlag auf die Schulter kann Sie bereits aus dem Gleichgewicht bringen, weil Sie den äußeren Impuls nicht „abfedern" können. Jetzt „entriegeln" Sie achtsam die eingerasteten Knie, ohne sie dabei wirklich zu beugen. Ihr Bein wirkt immer noch gestreckt, ist aber flexibel und spontan reaktionsfähig auf alles, was Sie als „umwerfend" erleben könnten.

Außerdem ist in dieser Position der Energie-Fluss von der Erde durch den Körper nicht blockiert. Stabilität, Flexibilität und freier Energie-Fluss sind der Grund dafür, warum Sie in allen

Kampfsportarten (westliche oder östliche) mehr oder weniger stark gebeugte Knie beobachten können.

(3) *Position des Beckens:* Lassen Sie Ihr Becken vor und zurückschwingen, wie eine große Kirchturmglocke, mit immer kleineren Bewegungen, bis Sie sich auf die Mittelstellung eingeschwungen haben. Registrieren Sie diese Haltung. Lassen Sie sich jetzt in Ihre „gewohnte", „private" Haltung zurückgleiten und beobachten Sie die Richtung der Veränderung. Für die meisten Menschen bedeutet die Rückkehr zur „gewohnten" Haltung ein verstärktes Hohlkreuz. Sie wissen also jetzt genau, was Sie zu tun haben, wenn Sie aus Ihrer Privatheit in erhöhte Präsenz gehen wollen: Ihr Becken in die entsprechende Richtung kippen! Auf der Bühne wirkt diese Beckenposition wie ein verstärkender Reflektor für jegliche kleine Handlung, die Sie vor Ihrem Körper ausführen.

(4) *Position der Gürtel-Linie:* Halten Sie Ihre Hände in die Hüften gestemmt. Spüren Sie Ihre unteren Rippen und den oberen Beckenknochen-Rand. Nun lasssen Sie sich wie ermattet im Stehen zusammensinken. Registrieren Sie, wie die Gürtel-Linie einsackt und Sie ein bisschen in die Breite gehen. Nun ziehen Sie sich wieder in die Höhe, aktivieren Ihre fünf Lendenwirbel und wachsen noch einige Millimeter, Ihre Taille wird schlanker. Stehen Sie zu Ihrer eigentlichen Größe!

(5) *Position des Brustkorbes:* Konzentrieren Sie sich auf Ihr Brustbein und entdecken Sie, dass Sie dieses vor und zurückbewegen können, sodass sich die Vorderseite des Brustkorbes wölbt („Brust heraus!") oder in sich zusammensinkt („Katzenbuckel"). Pendeln Sie sich in einer Mittelstellung ein. Strecken Sie sich in Ihren zwölf Brustwirbeln.

(6) *Position des Halses:* Auch hier können Sie noch ein Stück wachsen, indem Sie Ihren Nacken strecken. Dazu stellen Sie sich z.B. mit Fersen, Rücken und Kopf ganz an die Wand und drücken einen imaginären Badeschwamm, den Sie im Nacken

haben gegen die Wand aus. Achten Sie darauf, dass sich Ihr Hohlkreuz gleichzeitig auch verringert, d.h. auch in Richtung Wand drängt. Falls Sie sich eingehender mit Ihrer Haltung, aber im speziellen mit den Zusammenhängen zwischen Ihrem Kreuz-Bereich und dem Nacken beschäftigen wollen, empfehle ich Ihnen sehr, etwas über die Feldenkrais-Methode (Feldenkrais 1978) oder die Eutonie nach Gerda Alexander (Alexander 1976) zu lesen bzw. – noch besser – sich einige Stunden oder Seminare zu besuchen.
Diese Nackenstreckung trägt ganz wesentlich zu Ihrer Präsenz und Autorität bei. Damit können Sie alles, was hinter Ihnen geschieht, besser in Schach halten, besonders wichtig für Dompteusen und Lehrerinnen!

(7) *Position des Kopfes:* Während Ihr Kopf leicht und wie von alleine am Hals sitzt, suchen Sie Ihre „Horizontlinie". Blicken Sie geradlinig auf die Sonne, die gerade im Meer untergeht, während Sie *wachsen, erwachsen,* d.h. auch in Ihrer vollen Größe am Strand stehen. So entsteht ein offener, gerader und direkter Blick!

Ich habe mich deshalb relativ ausführlich hier mit diesen „Einstell-Möglichkeiten" beschäftigt, um Ihnen einige Kriterien zu nennen, wonach Sie experimentierend, für sich selbst, in Eigenbeobachtung, Ihre Haltung gezielt beeinflussen können. Es handelt sich entsprechend unserem Modell um ein stückweises, von unten her Aufbauen („... und er baute sich in seiner vollen Größe vor mir auf."). Aber Achtung, wenn der „Turm" umfällt! Also verbinden Sie sich mit der nächsten Übung:

1.1.3. Übung: Das Springschnur-(Hüpfseil-)Modell

Es bestehen tatsächlich Zusammenhänge zwischen Füßen, Becken- und Nackenpositionen, da eben alle Teile zusammenhängen! Deshalb können wir auch folgendermaßen in unsere volle Aufrichtung kommen:
„Falten" Sie sich zunächst zusammen (um sich dann natürlich ganz entfalten zu können):

- Sie gehen in die Knie,
- nehmen das Becken mit nach vorne (Rücken rund, kein Hohlkreuz),
- senken den Brustkorb vorne über,
- nehmen den Kopf leicht in den Nacken (vgl. Skizze 8), Blick etwas über den Horizont

Die Frosch-Haltung

„voluntary ugliness"

Skizze 8

Es handelt sich dabei um die sogenannte Froschposition oder, wie sie mein amerikanischer Kollege Daniel Stein nannte, „voluntary ugliness". Jetzt befestigen Sie in Ihrer Fantasie einen Seidenfaden mit einem gasgefüllten Luftballon an Ihrem Hinterkopf (nicht in der Mitte, am Scheitelpunkt, sondern etwas weiter hinten) und folgen ganz langsam und behutsam dem leichten Zug nach oben.

Variante (1): Zug

Achten Sie bitte darauf, ganz bewusst jeweils nur einen Körperteil zu aktivieren und entsprechend dem Zug nach oben auszurichten:

- Kopf
- Nacken
- Brustkorb – Stop – noch darf sich im Gürtel-, Becken-, Bein-Bereich nichts verändert haben! Weiter:
- Gürtel-Linie
- Becken mit Beinen
- Füße – Sie folgen dem Zug weiter, bis Sie auf den Zehen stehen. Nun lassen Sie sich ganz sanft und weich wieder auf Ihre Fersen nieder, wobei Ihre Arme den zarten Luftzug von unten in die Achselhöhlen wie leichte Seidenbänder durch eine luftige Wellenbewegung nachschwingend sichtbar werden lassen.

Verbinden Sie die leichte Luftigkeit im oberen Körperbereich (Luftballon!) mit eindeutiger Stabilität in Beinen und Füßen (Verwurzelung!).

Achtung! Es ist möglich, dass Sie am Anfang vor lauter Konzentration eher in einer steifen „Habt-Acht-Stellung" landen! Um dem entgegenzuwirken, verwenden Sie das Bild unseres Luftballons, dessen Seidenfaden Sie leicht und flexibel durch den Körper weiterführen bis zur Befestigung am Boden.

So lassen Sie sich jetzt in Ihrer vollen Aufrichtung von einem leichten Wind hin und her bewegen. Entspannen Sie alle Muskeln, die nicht für die Aufrichtung gebraucht werden, speziell im Schulterbereich. Nehmen Sie Ihren Atem und Ihre Umgebung dabei bewusst wahr.

Variante (2): Schub

Ihre Aufrichtung beginnt wie bei einem Raketen-Schub unten bei den Beinen – als letztes kommt der Kopf in seine richtige Position, wobei die Auf-*Richtung* nach wie vor vom Seidenfaden vorgegeben wird.

Variante (3): Simultan

Alle Körperteile werden gleichzeitig in Position gebracht,

wobei Sie auch die Geschwindigkeit der Aufrichtung erhöhen können, sobald Sie das Gefühl haben, Ihr Körper reagiert bereits schnell genug.

Variante (4): Froschsprung
Ist Ihnen der Bewegungsablauf völlig geläufig, verbinden Sie ihn mit einem kleinen Sprung. Also Froschposition – Sprung mit kompletter, geradliniger Aufrichtung in der Luft – Landung zurück in die Froschhaltung! Aber Achtung, dass der Frosch nicht durch sein Seerosenblatt durchbricht: Landen Sie ganz sanft und weich! Verbinden Sie den Sprung mit dem Einatmen, die Landung mit dem Ausatmen (vgl. Skizze 9).

Der

Frosch-Sprung

Skizze 9

Nach dem letzten Sprung gehen Sie noch einmal langsam und bewusst in Ihre Aufrichtung und lassen diese Haltung nach-haltig auf sich selbst und alle anderen wirken. Was für Detailinformationen dabei sichtbar werden, behandelt das nächste Kapitel. Für die daran anschließenden Übungen brauchen Sie wiederum Ihre feine Ein-Stellung von und zu Ihrem Körper.

1.2. Körperteil – Teilinformation oder „Zwischen Himmel und Erde"

Der Mensch, als Sender betrachtet, verfügt über verschiedene Kanäle, um seine Gesamtinformation an einen anderen Menschen, den Empfänger, zu vermitteln.
Einfachstes Beispiel dafür ist die Unterscheidung zwischen den verbalen und nonverbalen Anteilen der Information.
Die Kommunikation verläuft problemlos, wenn Senderin, Kanäle, Empfängerin und alle Teilinformationen aufeinander abgestimmt sind.
Schwierigkeiten in der Kommunikation können auftreten:

- bei der Senderin: Sie spricht zu undeutlich, zu leise, zu schnell etc.
- bei den Kanälen: Sie können verstopft sein, ausfallen (auch dazu sei noch einmal auf die Video-Mime-Produktion „Mit vollem Mund ..." verwiesen, vgl. Anhang A) oder durch sogenanntes „Rauschen" (z.B. Lärm) gestört sein.
- bei der Empfängerin: Sie ist nicht aufmerksam, sieht oder hört nicht richtig hin, ist nicht richtig eingestellt oder hat abgeschaltet.
- wenn Teilinformationen einander widersprechen:
  zum Beispiel:
  Kanal 1: verbale Information – „Ja!"
  Kanal 2: nonverbale Aussage – Kopfschütteln => Widerspruch!

Im allgemeinen können wir davon ausgehen, daß die nonverbale Aussage eher der Wahrheit entspricht als die gesprochenen Worte.

Widersprüchlichkeiten in der gesendeten Information erwecken Misstrauen oder führen zu Missverständnissen; Glaubwürdigkeit und Überzeugungskraft sind vermindert.

Wenn die Teilinformationen aufeinander abgestimmt sind und jeweils die Aussage unterstützen, sprechen wir von *Kongruenz* (z.B. „Ja!" + Kopfnicken).

Kongruenz erhöht die Glaubwürdigkeit und Überzeugungskraft.

Als nächsten Schritt gilt es, die Teilinformationen des ganzen Körpers zu beobachten. Jeder Körperteil nämlich sendet auch für sich (über einen eigenen Kanal) Einzelinformationen. Wir können uns fragen: Was sagen der Kopf (Position, Mimik), die Arme und Hände (Gestik), Brust und Becken (Haltung), die Beine und Füße (Bewe-

> Aber Achtung! Einzelne Körpersignale aus einem Kontext herausgenommen, sind immer mehrdeutig!

gung)? Das alles muss zusammenstimmen, um die verbale Aussage zu unterstützen, ansonsten entsteht Unklarheit, die oft gar nicht mit dem Tagesbewusstsein registriert wird, aber unbewusst zu wirken beginnt.

Im vorigen Kapitel haben wir über einzelne Körperteile bei der Aufrichtung gesprochen, und nun wollen wir uns mit den wesentlichsten Teilinformationen von Kopf, Brust und Becken beschäftigen.

Sie erinnern sich vielleicht an die Übungen von Kap. I/3.2.1. Kopf Brust Bauch, S. 44, wo Sie assoziativ die Bedeutungen der erwähnten drei Teile beschreiben sollten. Lassen Sie mich einige Aspekte davon hervorheben.

Als aufrecht stehendes Wesen, das sich vom Boden, von der Erde her aufgerichtet hat, ragt der Mensch sozusagen senkrecht gen Himmel. Da wo Feinstoffliches (Luft) direkt an Grobstoffliches (Erde, Boden), stößt, ist der hauptsächliche Wirkungsbereich des Menschen, „eingespannt zwischen Himmel und Erde", mit der Aufgabe, mit dieser Dualität fertig zu werden und *in sich* diese Gegensätze zu vereinigen bzw. zu transformieren, wie immer man diesen Vorgang bezeichnen mag. Dabei steht ihm das gesamte Energie-Spektrum, wie ich es schon beschrieben habe, von höchster Spiritualität bis tiefster Materie, zur Verfügung.

Dieser Sachverhalt spiegelt sich auch im aufrechtstehenden menschlichen Körper folgendermaßen wider:

Zuoberst der *Kopf* mit dem Gehirn, der sehr feinstoffliches wie Gedanken-Energien, Fantasien, Visionen, Intellekt, Verstand, also „Hoch-Geistiges", wie auch vier wichtige Sinnesorgane zum Empfang und zur Verarbeitung von Informationen beherbergt. Außerdem trägt er die Öffnungen, durch die die lebenserhaltende Luft *(gasförmiger Zustand)*, in die der Mensch „hineinragt", bis in die Körpermitte aus- und einströmen kann.

Im *Brustkorb* (mit dem Herzen) haben wir einen Repräsentanten *„hoher"* und edler Gefühle, wie der Liebe und der Ehre. Das „Herzblut" als lebensspendende *Flüssigkeit* trägt quasi die „Luft-Energie" weiter in den „grobstofflichen" Körper. Wenn Sie eindrücklich von *sich, s-ich,* sprechen, mit welcher Geste unterstreichen Sie das Ich? Die Hand weist zum Brustbereich. Der Brustkorb scheint also für uns auch irgendwie mit unserer Persönlichkeit, mit unserem *Ich,* mit unserer Seele zu tun zu haben.

Somit fehlt uns für die Dreiheit Körper – Seele – Geist nun noch der dritte Repräsentant: der Becken-Bauch-Bereich (mit Verdauungs-, Ausscheidungs- und Fortpflanzungsorganen). Hier geht's um's Überleben, das auch den „Kampf" mit der Materie *(fester Zustand)* beinhaltet. Von den Gefühlen sind hier eher die *„niederen"* (weiter unten!) angesiedelt: Wut, Zorn, Hass, Neid im Bauch, aber auch Gier und Lust. Nahrung aus der Erde wird im Bauch verarbeitet. Über die Ausscheidung verbinden wir uns bildlich auch wieder mit dieser Erde. Der Bauchbereich gilt auch als Zentrum unseres Körpers (in der Nabelgegend, so wie man auch vom „Nabel der Welt" spricht). In diesem Zentrum begegnen einander die Polaritäten, um sich, wie ich es weiter oben nannte, zu verbinden bzw. zu transformieren.

Interessant in diesem Zusammenhang ist, dass man bei uns von einer Polarität „Mutter Erde" – „Himmelvater" sprechen kann. Es ist der Bauchbereich, in dem sich während einer Schwangerschaft neues Leben (feinstofflich) „materialisiert" (mater lat. = Mutter; Mutter-Erde), sich also grobstofflich ausbildet.

Je feinstofflicher die Energie, von fest, flüssig, gasförmig bis darüber hinaus, desto essentieller ist sie für das Leben. Während einerseits der „Kampf um's Überleben" ganz dem unteren, grobstofflichen Bereich zugeordnet wird, scheinen die feinstofflicheren Elemente doch noch dringender zum Überleben benötigt zu werden:

- Auf feste Nahrung lässt sich äußerst lang, vielleicht ganz verzichten (Jasmuheen 1997).
- Ohne Flüssigkeit ist die Überlebensdauer weit geringer.
- Doch ohne Luft währt unser Leben nur einige Minuten.
- Erlauben Sie mir die Extrapolation, dass es wohl ohne allerhöchste, feinst-stoffliche, geistige Energie gar kein Leben gäbe.

Die Zuordnungsmöglichkeiten, wie ich sie für Kopf – Brust – Becken geschildert habe, lassen sich auch auf die einzelnen Körperteile selbst übertragen.

- Betrachten wir einmal den *Kopf:* Die Stirn steht hier für alles Geistige, die Augen (Fenster zur Seele!) verbinden Seelisches und Persönlichkeit (Augenfarbe sogar im Pass eingetragen), die Nase und der Mund für's Überleben und für's Sinnliche.
- Oder den *Arm mit Hand:* Der Oberarm (Bizeps) hat die Kraft, Materie zu bewegen, der Unterarm verbindet Personen, wenn sie „eingehängt" miteinander gehen, auf eine emotional gute, hilfreiche oder herzliche Art. Die Hände können feine, ausgeklügelte Tätigkeiten vollführen, heilend und schöpferisch wirken.
- Oder die *Hand:* Mit dem Handballen drücken oder verschieben Sie materielle Widerstände. Beim „Handschlag" ist die Mittelhand maßgeblich für gute zwischenmenschliche Verbindung zuständig, während die Finger beispielsweise beim Suchen nach passenden Worten, mit „Fingerspitzengefühl" eine typische begleitende Gestik bilden.
- Tja und die *Finger:* Ich überlasse es Ihnen selbst, bei den nächsten Raucherinnen, denen Sie begegnen, Ihre Überlegungen anzustellen, was es wohl bedeuten mag, ob die Zigarette ganz innen, zwischen den mittleren Fingergliedern oder zwischen den Fingerspitzen gehalten wird.

Also: Wann immer Sie sich erfolgreich präsentieren (präsent = anwesend sein) wollen, sei es auf der Bühne, bei einem Kundengespräch oder vor Ihren Vorgesetzten, ist es wichtig, *vollständig* präsent zu sein, einerseits energetisch, andererseits mit allen Ihren Körperteilen, aber im speziellen mit Kopf – Brust – Becken.

Ich möchte dies anhand der „schauspielerischen Präsenz" erläutern: Theater, wie jeder künstlerische Ausdruck, sollte immer so umfassend und ganzheitlich gestaltet werden wie möglich. Der Zuschauer sollte auf seinen *drei Ebenen* angesprochen, erreicht, bewegt und bereichert werden.

1. Ebene: Kopf – Kopf

Gedanken *(Hirn)* werden formuliert ausgesprochen *(Mund)* und verstanden (1. gehört *[Ohr]*, 2. kapiert *[Hirn]*!)

Gefahr: Der Ver*stand* ver*steht* die *Stand*punkte. Wenn er auf etwas besteht, ergibt das *Stillstand* (keine Bewegung)!

Beispiel: Der wissenschaftliche Vortrag im Radio bedient sich hauptsächlich dieser Ebene.

2. Ebene: Brust – Brust

Die Schauspieler-Persönlichkeit, verbunden (hoffentlich!) mit einem „höheren" Anliegen (künstlerischer, ethischer, moralischer oder mitmenschlicher Natur) und der richtigen Ausstrahlung erreicht und öffnet das Herz des Publikums.

Achtung: Habe ich genügend Persönlichkeit und Aus-Strahlung, und hat die Aus-Strahlung die richtige Wellenlänge für das anwesende Publikum?

Beispiel: Ein „großer" Künstler tritt auf und erfüllt bereits „damit", ohne noch agiert zu haben, die ganze Bühne und den Zuschauerraum (Berührung, *Stille* und Bewegtheit!)

3. Ebene: Becken – Becken

Elementare Bedürfnisse bewegen uns, wir fühlen uns getroffen und betroffen, erregt, ernst oder lachend.

Hinweis: Da dies die Ebene ist, die wir *alle* kennen, wird sie gerne überbetont, um erfolgreich zu sein.

Beispiel: Werbung, Action- und Sexfilme (Bewegung, Eroberung, Macht-Kampf, Aus-Leben, „sex and crime"!)

Ein gutes Theaterstück enthält die richtige Kombination dieser drei Ebenen, die auch bei der guten Schauspielerin stets präsent sind.

Wie Sie persönlich sich auf Ihren nächsten Auftritt, auf Ihre Präsentation oder Ihr Vorstellungsgespräch einstellen können, erläutere ich in der folgenden Übung:

1.2.1. Übung: Eindruck mit der Pyramiden-Spitze oder Das Feuer im Brennpunkt

Stellen Sie sich vor, Sie könnten eine Stein-Pyramide auf die Spitze stellen. Das gesamte Gewicht würde auf dieser Spitze ruhen und auf den Auflagepunkt einen unendlich großen Druck ausüben. Be-*ein-druck*end, nicht wahr? Oder: Erinnern Sie sich, wie Sie mit einer Lupe experimentierend die parallelen Sonnenstrahlen auf einen Brennpunkt fokussierten und damit das Blatt aus Ihrem Schulheft zum Brennen brachten. So kann auch Begeisterung entflammt werden!

Fokussieren Sie Ihren Körper! Durch jeden der drei Haupttei-

Die drei waagrechten Körperachsen

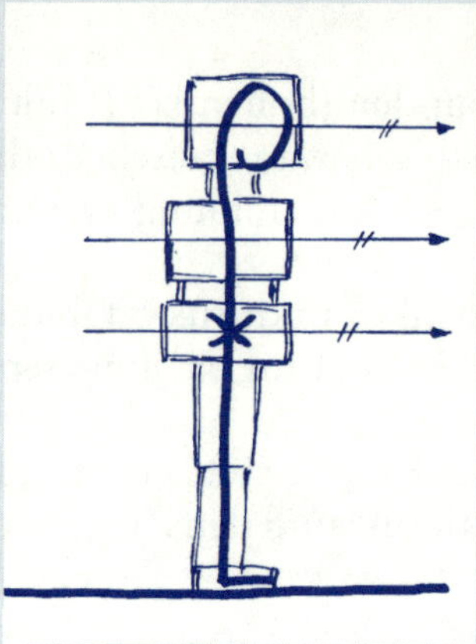

Skizze 10

le, Kopf – Brust – Becken, können Sie sich eine waagrechte Achse denken (vgl. Skizze 10).
In der Übung II/1.1.2., S. 66, lernten Sie, jeden einzelnen Teil für sich zu bewegen und in einer Mittellage einzupendeln. Das entspricht einer waagrechten Achse. Nun visieren Sie stehend Ihre Ansprech-Partnerin bzw. Ihr Publikum an und verändern minimal mit Ihrer Vorstellungskraft die Positionen der drei Teile so, dass die Spitze Ihrer Strahlenpyramide im Herzen Ihres Gegenübers liegt (vgl. Skizze 11).

Das Feuer im Brennpunkt

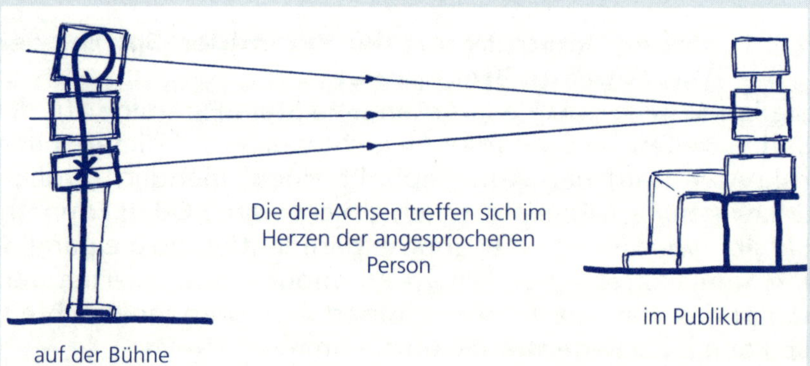

Skizze 11

Schärfen Sie Ihre Sinne und überprüfen Sie Ihre Wirkung entsprechend der Devise: MIME = **M**inimal **I**nput – **M**aximal **E**ffect.
Sofern sie nur geometrisch Ihre Achsen dementsprechend orientieren, wirkt Ihre körperliche Präsenz bereits „beeindruckend"; wenn Sie aber dank Ihrer Visualisation entlang Ihrer Achsen auch noch Ihre Energiestrahlen fokussieren und das mit Ihrem Anliegen, Ihrer Aussage verbinden, dann könnte es sein, dass Sie Ihr Publikum für Ihre künstlerische Darbietung entflammen. Sollten Sie gerade nicht auf Bühnen auftreten, so adaptieren Sie das erwähnte Prinzip auf Ihre Bedürfnisse.
Übrigens: Sollten Sie sich Sorgen machen, es könnte Ihnen beim Energie-Schicken einmal die Energie ausgehen – seien Sie unbesorgt! Vergegenwärtigen Sie sich Ihre senkrechte Achse, die vom Himmel durch Ihren Körpermittelpunkt in die Erde reicht. Entlang dieses „Kanals" können Sie jederzeit beliebig viel Energie (von oben und von unten) nachfließen lassen. Bedenken Sie, was Sie „sich ein-*bilden*", wirkt!
Achtung! Blockaden, Vertrauens- und Konzentrationsmängel (Unbewußtheit) können die Wirkung beeinträchtigen.
Wenn Sie die Energie-Arbeitshypothese für sich nutzen wollen, tun Sie es, es ist Ihre Entscheidung; wenn nicht, verwenden Sie wenigstens bewusst Ihren Körper. Wie sensibel dieser sendet und empfängt, möge Ihnen die nächste Übung verdeutlichen.

1.2.2. Übung: Minimal Movement oder „Kopf hoch"

Wenn Sie in einer Gruppe arbeiten, möge sich

- die eine Gruppenhälfte (A = Akteure) in einer Reihe (nebeneinander) vor der anderen (B = Beobachter) aufrecht hinstellen. Alle finden für sich ihre optimale Auf-Richtung (vgl. II/1.1.2. „Das Baustein-Modell", S. 66) mit dem Blick auf den imaginären Horizont. Gruppe B registriert, wie unterschiedlich:

  (1) diese aufrechten Haltungen wirken, obwohl alle sich nach den gleichen Prinzipien aus- und aufgerichtet haben.

(2) die Blicke auf den Horizont wirken
(3) der Gesamteindruck sein mag.

Wir lernen daraus, zu relativieren, denn wir wissen: Körpersignale aus einem Kontext herausgenommen, sind immer mehrdeutig!

- Nun bitte ich die Gruppe A, das Kinn um 1½ cm anzuheben, die Augen bleiben auf den Horizont gerichtet. Gruppe B registriert wieder, wie unterschiedlich:

  (1) 1½ cm empfunden werden können (bei A *und* B!).

  (2) nun der Ausdruck im Vergleich zur Ausgangsposition ist.

  (3) die einzelnen Haltungen zu beschreiben sind. Finden Sie Eigenschaftsworte (stolz, hochnäsig, suchend, herablassend, ...) und merken Sie sich diese.

  (4) wie Sie nach dem ersten Über-Blick mit Ihrem Interesse bei den einzelnen Leuten verweilen. Auch wenn die Gruppe überschaubar ist, schauen Sie manche lange an, andere „übersehen" Sie beinahe. Wer ist dies und warum ist das so (Präsenz? Ausstrahlung? Fokussierung?)? Bitte merken Sie sich Ihre Beobachtungen und Überlegungen und tauschen Sie sie erst nach dem 2. Durchgang in einer Feedback-Runde aus (siehe dazu III/1.3.1. „Dreistufiges Feedback", S. 126).
- Gruppe A senkt das Kinn wieder in die Ausgangsposition und danach
- um 1½ cm tiefer, wobei der Blick nach wie vor auf den Horizont gerichtet bleibt. Gruppe B geht wie vorhin vor und merkt ihre Wahrnehmungen auf.
- Jetzt folgt die zweite Runde – Gruppenwechsel. Auf diese Weise erleben alle sich „aufrecht zu präsentieren" und dabei peinlichst genau beobachtet zu werden. Außerdem gilt es zu erkennen, wie *grundlegend* sich der Ausdruck, die körpersprachliche Information verändert bei *minimalen* Änderungen nur *eines Paramenters* (Kopfneigung 1½ cm!). Im Alltag verändern sich ständig mehrere Signale gleichzeitig!

Weitere Erkenntnis: Ein und dieselbe Haltung wird von je-

der Betrachterin mehr oder weniger anders interpretiert (Beispiel für die Mehrdeutigkeit!).
Hinweis: Wie riesengroß z.B. der Unterschied zweier Gesichtsausdrücke sein kann bei *minimaler* Veränderung im Augenbereich, erleben Sie, wenn Sie Ihr Gegenüber bitten, die Augenlider eine Spur weiter zu öffnen oder zu schließen (mm-Bereich!). Die Mimik wechselt sofort von etwa „erstaunt" zu „hinterhältig". Oder: Sie spüren einen deutlichen Unterschied, ob ich Ihnen vom Podium herunter direkt in die Augen schaue oder auf Ihr Ohr bzw. die Person hinter Ihnen anblicke. Die Bewegung *meines* Augapfels ist *minimal, Ihre* Empfindung äußerst unterschiedlich!

1.2.3. Übung: Den Auf-Stand üben oder „Wann führt der Po?"

(1) Legen Sie sich bitte auf den Bauch. Danke. Stellen Sie sich vor, ein Angelhaken verhängt sich in Höhe Ihres Steißbeins und zieht sie nach oben. Alle anderen Körperteile möchten solange wie möglich am Boden bleiben. Probieren Sie aus, wie Sie das mit Ihren Muskeln bewerkstelligen können, sodass von außen betrachtet, genau dieser Eindruck entsteht. Experimentieren Sie ein bißchen. Der Motor für's Aufstehen ist also zunächst der Po. Sobald Sie ganz auf Ihren Füßen stehen, der Oberkörper und Kopf aber noch vorne überhängt, richten Sie sich langsam, Wirbel für Wirbel, vom Becken ausgehend, weiter auf, bis Sie aufrecht stehen.
Wunderbar! Genau diesen Bewegungsablauf, der zunächst nur technisch geprobt wird, wiederholen Sie nun mehrmals und lassen in Ihrer Fantasie Bilder und Gefühle, ja Töne, Worte, Sätze aufsteigen, die genau mit so einem Aufstehen bei Ihnen verbunden sein könnten.
Wann macht man das? Habe ich andere Menschen dies tun sehen? Woran erinnert mich das, wenn ich dabei zuschaue? Gut, bitte merken!
(2) Legen Sie sich bitte wieder auf den Bauch. Danke. Jetzt kommt der Angler und fischt Sie am Scheitelpunkt Ihres Kopfes hoch. Wieder folgen Sie dem „Motor im Kopf" bis zum

Stand. Nach der technischen Bewältigung dieses Bewegungsablaufs finden Sie wieder Situation, Gefühl, Töne, Worte, Sätze, die mit genau diesem „Aufstehen" zusammenstimmen können. Gut, bitte merken!
Jetzt tauschen Sie sich untereinander aus, auch mit jenen, die vielleicht nur Beobachterinnen waren. Sammeln Sie alle Varianten und finden Sie dann die jeweils zugehörenden Prinzipien heraus. Vergleichen Sie Ihre Ergebnisse mit Ihren Überlegungen zu Kopf - Brust - Bauch (vgl. I/3.2.1., S. 94).
Was/Wo ist der Motor, die Motivation für eine Motion (Bewegung)? Sie brauchen nur wahr-nehmen und nachemp-finden die Antwort!

1.3. Geschlossene Gesellschaft oder „Lasst die Teile sprechen".

Wieviel Offenheit herrscht in unserer Gesellschaft? Wo finden wir sie und wie können wir sie erkennen? Wiederum ist es so, dass durch die Körper-Haltung unsere Einstellung offen-sichtlich wird, wie es um unsere Offenheit be-stellt ist.
Während wir systematisch die Bewegungsmöglichkeiten unserer Körperteile (drehen, neigen, schieben – vgl. II/1.1., S. XX) durchgehen und deren Signale erforschen, können wir gleichzeitig beobachten, wo dies mit Offenheit oder Verschlossenheit einhergeht.
Nachdem wir uns eingehend mit den Zuordnungsmöglichkeiten von Informationsebenen zu Körperteilen in der aufrechten „Null-Stellung" beschäftigt haben, möchte ich mit Ihnen zunächst „Körperteil-Verschiebungen" erforschen. Sobald Sie für derlei Bewegungen, selbst in minimalen Ansätzen, sensibilisiert sind, werden Sie bei Haltungsänderungen Ihrer Gesprächs- oder Verhandlungspartnerinnen bereits mit adäquaten Reaktionen Einfluß nehmen können.
Entsprechend unserer Haupt-Teile können wir drei „Aggressionsformen" beobachten. Aggression (von ad-gredere lat. = voran- oder auf etwas zuschreiten) drückt sich in der Körperhaltung durch Vorwärtsschieben (nach vorne schreiten) von den jeweiligen Körperteilen aus. Lassen Sie mich dies anhand einiger Männertypen erläutern:

- Wir könnten sagen, daß unser moderner „Fortschritt" mit einer Haltung mit vorgeschobenem Kopf zu tun hat.
  Lassen Sie mich dies mit einer kabarettistischen Überzeichnung eines Wissenschaftlers vergleichen. Es ist ganz klar, dass jemand, der forscht, sucht oder neugierig ist, überall die „Nase hineinsteckt", also mit jenem Teil vorangeht, der mit dem *Wissen-Wollen* (-> Kopf!) zu tun hat. Wissenschaftler, Detektive, Besser-Wisser, aber auch „Stänkerer" etc. lassen sich dadurch charakterisieren oder karikieren, dass der Kopf weit vorgeschoben ist.
- Die „Aggression des Brustkorbes" findet sich zwar auch bei Machotypen, Bodybuildern und mag bei diesen mit dem Hervorheben (bzw. -schieben) des Ichs zu tun haben, hängt aber wohl ursprünglich mit der „Figur" der Helden aus dem Märchen zusammen. Die „Heldenbrust", in der das Herz für die edle Prinzessin in hoher, hehrer Liebe schlägt, ist Zeichen für die Kampfbereitschaft (Aggression), den Drachen zu töten, um die Prinzessin zu befreien. Höchste Gefühle sind dazu die Motivation!
- Das vorgeschobene Becken mag längst nicht so edle Gefühle für das Interesse an der Prinzessin signalisieren. Diese aggressive Haltung wirkt daher meist bedrohlicher (Überlebenskampf – Sexualität) als die anderen Formen. Statt des Märchenhelden erkennen wir den Western-Helden.

Mit jedem einzelnen Körperteil können wir Öffnung oder Rückzug, Zu- oder Abwendung, Zuneigung oder Ablehnung signalisieren, fein dosiert oder grob und plakativ.
Natürlich gibt es alle Kombinationsmöglichkeiten und Spielarten. Mir ist wichtig, dass Sie selbst auch am eigenen Leib erspüren, was solche „Verschiebungen" – um nicht zu sagen „Verrückungen" (verrückt!) – Verdrehungen und Neigungen für Gefühle und Geistes-Haltungen mit sich bringen können, wenn sie im Extrem und aus dem Zusammenhang (aus der Mitte) gerissen, gelebt werden. Deshalb die folgenden Übungen:

1.3.1. Übung: Achselzucken oder 9 x Schultern

Finden Sie wieder Ihre gerade, aufrechte Haltung (entsprechend Übung II/1.1.3., S. 69). Verwenden Sie immer nur so viel Muskelspannung wie Sie gerade brauchen.

Nun können Sie Ihre Schultern aus ihrer Mittellage in acht weitere Stellungen bringen:

- Bewegen Sie die Schultern hoch, zurück in die Mittellage und nun bewusst ganz nach unten (3 Positionen)
- Nehmen Sie die Schultern vor – oben, in der Mitte, unten (weitere 3 Positionen)
- Ziehen Sie jetzt die Schultern zurück und bewegen Sie sie wieder nach oben, zur Mitte, nach unten (die letzten 3 Positionen)

So, soweit die technischen Möglichkeiten. Im weiteren geht es darum, eine der 9 Stellungen einzunehmen, darin zu verweilen und sich leer zu machen und allmählich Gefühle und Bilder auftauchen zu lassen, die mit Ihrer soeben eingenommenen und „gehaltenen" Haltung zusammenhängen. Sie versetzen sich buchstäblich in diese für Sie ungewohnte Lage, um nachzuempfinden, wie man sich darin fühlt.

Speichern Sie Ihre Ein-Drücke ab.

(1) Verschieben nach vorne – und zurück
(2) Verschieben nach hinten – und zurück
(3) Verschieben nach oben - und zurück
(4) Verschieben nach hinten - und zurück

Sammeln Sie (mit weiteren Gruppenteilnehmerinnen) die Charakteristika von (1) und (3) sowie von (2) und (4):

- Welche Grundtendenzen dieser Stellungen können Sie feststellen?
- Wo finden Sie ein Sich-Öffnen?
- Wo finden sie ein Sich-Verschließen?

Bedenken Sie, dass wir unseren Hals als lebensnotwendige Verbindung zwischen der „zentralen Steuerung" Kopf und dem restlichen Körper

- entweder glauben schützen (Angst, Schwäche) zu müssen (Schultern oben)
- oder glauben demonstrativ bzw. auffordernd (Mut, Stärke) herzeigen zu können (Schultern unten).
- In Situationen, in denen wir nicht wissen, wie wir uns verhalten sollen, wechseln wir zwischen beiden Extremen (Schulter- oder Achselzucken).

Des weiteren können Sie die Schulter-Positionen kombinieren.

a) sich verstärkende Kombinationen
   1. vorne + oben, 2. hinten + unten

b) widersprüchliche Kombinationen
   3. vorne + unten, 4. hinten + oben

Wiederum brauchen Sie Ihre Empfindungsgabe, um nachzuempfinden, was an Gefühlen in einem Menschen in dieser Lage, Stellung, Haltung wirksam ist.

Schreiben Sie in Stichworten eine Charakterisierung der letzten vier Typen (a) 1, 2 und b) 3, 4). Und noch etwas: Unterscheiden Sie zwischen Charakterisierung und Karikatur, sobald Sie einen der Typen dar-stellen (vgl. Bartussek 1998, Kap. II/4.1., S. 52).

1.3.2. Übung: „Wendehälse" oder „Zu- und Ab-Wendungen"

Wir wollen uns wieder in zwei Schritten folgender Erfahrung nähern:

1. Technisch: Sie stehen in Ihrer aufrechten Haltung, Blick geradeaus. Nun leiten Sie eine Körper-Drehung nach rechts bzw. links mittels Ihres Kopfes ein, lassen den Hals diese fortsetzen, wenden den Brustkorb, ohne das Becken zu bewegen, dehnen die Gürtellinie und am Schluss wenden Sie mit Hilfe der Beine auch das Becken. Kommen Sie in umgekehrter Reihenfolge in die Ausgangslage zurück. Nachdem Sie dies in beide Richtungen geübt haben, Teil für Teil zu drehen, versuchen Sie dasselbe, mit dem Becken beginnend, Gürtellinie, Brustkorb, Hals, Kopf. Der Kopf ist also der letzte Teil, der bewegt wird und wieder in umgekehrter Reihenfolge zurück. Gut. Ich hoffe, es kostet Sie nicht zu viel Konzentration, Ihren ganzen Körper deutlich zu artikulieren. Im Vergleich dazu ist eine unbewusste ganzkörperliche Wendung wie ein undeutlich gesprochener Satz.

2. Wahrnehmend: Es geht allerdings um mehr als um eine Dehnungsübung durch Rotation um die senkrechte Achse! Steigen Sie jetzt bitte wieder in's Fühlen und Imaginieren ein.

Welche emotionale Veränderung begleitet diese Rotation, wenn Sie eine Partnerin für den Blick-Kontakt haben?
Beginnen Sie zu zweit, nebeneinander stehend, Blick geradeaus vor sich. Spüren Sie Ihren ganzen Körper, die "Wurzeln", den Seidenfaden, die Atmung im Bauch. Nehmen Sie sich in Ihrem ganzen Körper und Ihrem ganzen Energiefeld wahr. Darüber hinaus nehmen Sie auch die Person neben Ihnen wahr, noch ohne den Kopf zu drehen.
Erst wenn für Sie beide die Zeit stimmt, beginnen Sie sich Stück für Stück einander zuzuwenden. Kopf, dazu Brustkorb, Gürtellinie, Becken und Beine. Spüren Sie jede einzelne Veränderung bis hin zur Position der kompletten Zuwendung! Atmen Sie weiter, bleiben Sie mit all Ihren Sinnen wach und mit Ihrer Energie da, nicht davondriften! Achtung!
Zurück in umgekehrter Reihenfolge (Beine mit Becken, Gürtellinie, Brustkorb, Hals, Kopf). Nehmen Sie dieses Sich-voneinander-Abwenden als neue Szene.

- Welche Gefühle, Erinnerungen, Assoziationen und Gedanken werden dabei ausgelöst? Merken Sie sich Ihre persönlichen Wahr-Nehmungen. Sie sind Realitäten für Sie!

Zum Vergleich wiederholen Sie den Vorgang von vorne, kehren aber mit dem Kopf beginnend wieder zurück zur Startposition! Was ist anders? Behalten Sie Ihre Konzentration in Stille und Wachsamkeit! Noch kein Sprechen, bitte. Erst nach einigen Wiederholungen und Variationen nach eigenem Ermessen setzen Sie sich mit Ihrer Partnerin zusammen, um zu besprechen, was Sie realisiert haben. Erkennen Sie dieses „Realisieren", sowohl als ein „Wahr-Nehmen" als auch als ein „In-die-Wirklichkeit-umsetzen"!
Zu-Wendung ist ein zutiefst menschliches Bedürfnis. Hier erleben Sie, wie fein dosiert wir ein Gefühl in Form eines Körpersignals sichtbar machen können, von "voller Zuwendung" bis hin zum "Blick über die (kalte) Schulter". Ähnliches können Sie bei Zu-Neigung und Ab-Lehnung (Ab-Neigung) beobachten, die oft während eines Gesprächs deutlich nachreguliert werden, je nach innerer Reaktion.

1.3.3. Übung: Sich verschließen, abgrenzen oder zurückhalten

Bevor wir dies unterscheiden, wollen wir uns vergegenwärtigen, mit wieviel Körperteilen wir eigentlich ein Sich-Verschließen durchführen können.

Noch einmal bitte ich sie, sich aufrecht und offen hinzustellen. Der Reihe nach, von Fuß bis Kopf, schließen Sie nun:

die Füße (Fußspitzen zusammen)
die Knie (x-beinig)
das Becken (wandert nach hinten)
den Bauchbereich (zieht sich zusammen)
den Brustkorb (Brustbein nach hinten, Schultern bleiben vorne)
die Arme, Hände, Finger (verschließen sich)
den Kopf (zieht sich zurück)
den Mund (Lippen werden zusammengepresst)
die Nase (Nasenflügel)
die Stirn (Augenbrauen)
die Augen – jetzt sehen Sie allerdings Ihre Kolleginnen nicht mehr, die mindestens ebenso verkrümmt, zusammengezogen und armselig wirken wie Sie selbst. Sie sind „komplett zu"!

- Welche Gefühle, Gedanken, Bilder tauchen dabei auf?

Nun spielen Sie *gedanklich* mit den Unterschieden zwischen

- sich ver-*schließen*
- sich ab-*grenzen*
- sich zurück-*halten;*

finden Sie die entsprechenden *Gefühle* dazu und erspüren Sie die passende *Körper*haltung dazu. Registrieren Sie die veränderten Nuancen in der jeweiligen geschlossenen Stellung!

Unbewusst wird meist sehr genau dosiert und differenziert signalisiert, wieviel Zuwendung (Zuneigung, Entgegenkommen) man bereit ist zu geben.

Natürlich dürfen Sie sich auch wieder *öffnen,* jedoch Achtung – Schritt für Schritt, bis sie zur Gänze einem staunend daste-

henden Kind (mit Beinen, Becken, Brustkorb, Armen, Augen, Ohren, Mund offen) gleichen. Der dazu passende Laut ist ein offenes „Aaahh!" (In der Lauteurythmie nach Rudolf Steiner entspricht auch diese Haltung dem Vokal A.) In dieser Position sind Sie bereit, alles in sich aufzunehmen und die ganze Welt zu umarmen.
Bedenken Sie wiederum, dass Sie jetzt eher eine Karikatur als eine Charakterisierung eines Verhaltenstyps darstellen. Aber schon die feinste Tendenz jedes einzelnen Körperteils in die eben erzeugte Haltung ist signifikant für eine innere Haltungsänderung zum jeweilig signifikanten Zeitpunkt. Dazu aber mehr in Kapitel II/3.3. „Zeichen der Zeit oder ...", S. 109. Davor wollen wir uns noch mit der Bedeutung des Raumes beschäftigen.

2. Ich im Raum

Obwohl natürlich in allen bisherigen Ausführungen und Übungen der Raum schon mitwirkte, ist es wert, sich diesem Aspekt noch ausführlicher zu widmen. Das Verhalten der Menschen im Raum, in bestimmten Räumen und Räumlichkeiten und die Ausgestaltung derselben hat sowohl mit innersten, persönlichen Eigenheiten und Mustern zu tun, wie auch mit individuellen und universellen Energieflüssen. Wer sich diesbezüglich weiter informieren möchte, sei auf Literatur über die menschlichen Energiezentren oder Chakren und über Feng Shui (s. weiterführende Literatur, Anhang F) verwiesen.
Doch zurück zur Fort-Bewegung im Raum, und zwar zum allzu menschlichen Gang.

2.1. Clownesker Fortschritt

Immer wieder müssen wir uns selbst beobachten, um unsere Bewusstheit darüber zu steigern, welche nonverbalen Signale wir ständig aussenden. Dadurch steuern wir auch ständig die Reaktionen unserer Mitmenschen, sodass wir „... immer wieder in gleiche Situationen kommen"! Kennen Sie diesen Stoßseufzer?

Eine äußerst interessante Arbeit aus dem Theaterbereich lässt sich wunderbar dafür nützen, unsere Prägungen zu erkennen, und zwar das Entdecken des persönlichen Clowns, der persönlichen Clown-Frau. Dies wiederum geschieht über das Verhalten im Raum, über die persönliche Eigen-Art zu gehen.
Sicherlich können auch Sie Freundinnen, Bekannte, Verwandte schon von weitem an ihrem Gang erkennen, ja selbst dann, wenn Sie sie nicht einmal sehen, sondern nur hören, wie sie vor Ihrer Türe mit charakteristischem Gang den Gang entlang gehen, huschen, schlurfen, trippeln, schleichen, hinken, staksen, trampeln, schlendern, stolzieren, eilen, torkeln und und und ... Sie sehen, die Sprache versucht, mit einer Unzahl von verschiedenen Worten dieser Vielfalt von Gang-Arten einigermaßen gerecht zu werden.
Gehen wir davon aus, dass also jeder Mensch eine unverwechselbare Art zu gehen hat, die mit der momentanen Persönlichkeitsstruktur zusammenhängt und deshalb auch auf jegliches weitere zwischenmenschliche, meist nonverbale Verhalten einwirkt.
Merkmale unserer momentanen Persönlichkeitsstruktur können wir sichtbar werden lassen, indem wir die feinen Nuancen in Bewegungsabläufen absichtlich vergrößern bzw. vergröbern, wodurch der individuelle Charakter unserer „ureigensten Clownfigur“ erkenn-, beschreib- und zuordenbar wird. Diese Vorgehens-Weise kann als Theaterarbeit genutzt werden oder aber auch als spielerische Selbst- und Fremdwahrnehmungsmethode.
Entweder kreieren Sie auf diese Weise eine unverwechselbare Clownfigur, die Kern verschiedenster Improvisationen und Sketches werden kann oder Sie bekommen Einblicke in Ihr „Regiment von Unterpersönlichkeiten“, um damit immer besser umgehen zu lernen.

2.1.1. Übung: „Was geht hier vor?“

- Als erstes mögen Sie, deren Clownsgang erforscht werden soll, *alles* vergessen, was ich bisher über Haltung geschrieben habe und jemals zu Ihnen gesagt worden ist (z.B.: Halte Dich gerade! Wackle nicht so beim Gehen! Achte auf Deine Beine! etc.). Somit mögen Sie in einem großen Kreis locker und doch zügig zu gehen beginnen.
- Als Bild für die Situation stellen Sie sich vor, nach einem

Tagesmarsch (Erschöpfung!) noch den letzten Bus, der Sie nach Hause bringt (Eile!) erwischen zu müssen. Gehen Sie mehrere Runden und lassen Sie zu, dass Sie müde werden und Ihnen völlig egal ist, wie Sie daherkommen. Es sieht ja niemand (in Ihrer Vorstellung).

- Nur wir sehen Sie Ihre Kreise ziehen. Wir beobachten genau, wie sich Ihre Füße, Zehen, Knie, Hüften, Arme, Ellbogen, Hände, Finger, Schultern, Brustkorb, Nacken, Kopf ... bewegen und lassen es auf uns wirken. Auch auf Relationen und Größenordnungen soll geachtet werden (z.B. in Relation zur Körpergröße wirken die Schritte klein, die Armbewegungen riesig). Nach genügend langem und gründlichem Wahrnehmen beginnen wir, Ihnen zuzurufen: Mache Deine Schritte noch kleiner, schlenkere noch mehr mit den Armen, nimm das Kinn noch weiter vor, den Hintern noch weiter nach hinten, die Zehen noch weiter nach außen, die Schultern noch weiter nach oben usw.
- **Achtung!** Diese Gruppenarbeit bedingt ein achtsames, respektvolles Umgehen und Formulieren von jedem Zurufenden! Dies kann nur in einer hundertprozentig vertrauensvollen Atmosphäre geschehen. Unsere werdende Clownfrau muss sich körperlich, emotional und geistig öffnen können, um all die gewünschten „Ver-rückungen" und „Ver-gröberungen" zulassen und umsetzen zu können.

Wichtig! Alle Zurufe sind subjektive Eindrücke der Beobachterinnen, die sich manchmal widersprechen können.
Also: Behutsam vorgehen und wenn nötig, zwischendurch alles lockern, ausschütteln und neu einsteigen. Nach einigen An-Läufen wird sich Ihre neue, einzigartige Clownfrau herauskristallisieren und ein immer klareres Bild ihrer Persönlichkeit zeigen. Lassen Sie Ihre Gefühle dazu auftauchen (außer dem Gefühl des Ermüdens), ebenso Gedanken, Assoziationen darüber, wie diese Clownfrau wohl ihren Alltag verbringt.

2.1.2. Übung: "Wie gehst Du vor, an etwas ran?!

In der nun folgenden Reflexionsphase stellen wir die Fragen: Wie geht diese Clownfrau vor,

- wenn sie einen Auftrag bekommt
- wenn sie etwas haben möchte
- wenn sie sich ärgert (Ärgert sie sich überhaupt?) etc.

Welche Lieblings-Speise, -Farbe, -Kleidung, -Blume, welches Lieblings-Tier, -Märchen, -Hobby etc., welche Roman-, Film-, Märchenfigur entspricht ihr?

Sie werden erleben, wie sich in unserer gemeinsamen Fantasie oft ganz erstaunlich klare Eigenschaften und Eigenheiten dieser Clownfrau darstellen, alles davon abgeleitet, wie sie sich im Raum bewegt hat.

Nachdem Sie zugehört haben, sind Sie jetzt eingeladen, in sich zu gehen und darüber nachzusinnen *(Sinne!),* was Sie von all den assoziierten Zuordnungen in Ihrem realen Alltag tatsächlich kennen. Manches mag spontan als zutreffend empfunden werden, manches völlig neu klingen. Lassen Sie es wirken und bedenken Sie, dass möglicherweise ja nur *einige* Ihrer Teilpersönlichkeiten vergrößert, unter der Lupe der Assoziationen angeschaut werden.

Facit: Ihr körpersprachliches Verhalten löst aber offensichtlich eine Menge von Bildern und damit verbundenen unbewussten Reaktionen in Ihren Mitmenschen aus, auch wenn dies normalerweise viel subtiler abläuft.

Es gehört zu Ihrer Bewusstseinsarbeit, sich selbst liebevoll mit allen momentanen Gegebenheiten anzunehmen. Überprüfen Sie, wie weit Sie Aspekte davon belassen möchten und welche für Sie eine Herausforderung im Zuge Ihrer Persönlichkeitsentwicklung darstellen. Zur Bearbeitung kann hie und da eine weitere kundige Unterstützung hilfreich sein, aber auf alle Fälle braucht es konsequenten Selbsterforschungswillen.

Jede bewusst gewordene Eigenschaft hat, selbst wenn sie als unerwünscht und hinderlich empfunden wird, auch positive Aspekte, die vielleicht noch entdeckt und genützt werden möchten.

2.1.3. Übung: Weitere „Vor-Gangs-Weise"

In welcher Weise sich unser Unbewusstes ausdrückt, unsere Mitmenschen unbewusst darauf reagieren und wir uns daher unversehens immer wieder in ähnlichen Situationen wiederfinden, können wir auf Grund einer weiteren Betrachtung erkennen.

Die Weise, in der Sie uns im Kreis „vor-gegangen" sind, kann auch erkennen lassen, wie Sie als Teil einer hierarchisch strukturierten Gemeinschaft „vor-gehen" würden, um Ihr Ziel zu erreichen. Dazu nehmen wir das Beispiel der vorwiegend männlichen Zirkus-Hierarchie, um eine mögliche Zuordnung zu versuchen:

Zuoberst finden wir den „Zirkusdirektor", ernsthafter Repräsentant und Verantwortlicher sowohl organisatorischer wie auch künstlerischer Belange. Ihm untergeordnet können wir den „Weiß-Clown" finden. Er versteht es meist, viele Instrumente zu spielen, mit Ernst, Intelligenz und Poesie Aufgaben zu erfüllen, aber auch seinerseits Aufgaben zu stellen an die unter ihm stehenden „dummen Auguste" mit den roten Nasen. Diese können in sich wiederum eine Rangordnung haben, so dass z.B. Fußtritte entsprechend weitergegeben werden, bis der unterste „dumme August" diese einstecken muss, ohne dass dies seine naive Freude am Sein wesentlich trüben könnte.

An Hand der in unserer Übung herausgearbeiteten Art Ihres Clown-Ganges ist somit auch eine Zuordnung zu einer der beschriebenen Hierarchie-Ebenen möglich.

- Hören Sie sich die Assoziationen Ihrer Beobachterinnen im Kreis an. Lassen Sie diese Meinungen als ein mögliches Beispiel für *Fremd*-Wahrnehmung Ihrer Person auf sich wirken.
- Vergleichen Sie die Äußerungen mit Ihrer *Eigen*-Wahrnehmung, indem Sie sich fragen: Kenne ich irgendwelche der beschriebenen Aspekte von mir, in irgendwelchen weiteren Zusammenhängen meines alltäglichen Lebens? Oder: Wie weit könnte das Besprochene tatsächlich etwas mit meinem Denken, Handeln und Fühlen zu tun haben? Ver-

suchen Sie, offen und neugierig sich selbst zu durchforschen, ohne Rechtfertigungen, Erklärungen oder Entschuldigungen.

Vergegenwärtigen Sie sich: Erst schonungslose Ehrlichkeit gegenüber sich selbst ermöglicht es Ihnen, wenn Sie das wollen, Ihre nächsten Entwicklungsschritte zu erkennen. Gerade Ihre vielfältigen Unter-Persönlichkeiten zeigen Ihnen Ihren Weg zu Ihrem wundervollen, im Innersten strahlenden Wesen.

2.2. Bewegung im Raum

Wir haben bereits von einem gewissen Raum um uns gesprochen, der uns umgebenden Lichtkugel (vgl. Kap. I/2.1., S. 23), die u.a. unser Distanzverhalten bestimmt. Wir tragen diesen „Raum" stets mit uns und lassen Menschen mehr oder weniger nahe an uns bzw. an diesen Schutzraum, genannt „Intimbereich", heran. Interessant ist, dass dieses Verhalten von Kulturkreis zu Kulturkreis variiert. So läßt sich ein Nord-Süd-Gefälle feststellen: Man spricht von „distanziert" wirkenden Menschen aus nördlichen Ländern, während z.B. bei arabischen Völkern der „Hautkontakt" längst nicht die innere Panik auslöst, mit der wir in Mitteleuropa im Lift oder in der überfüllten Straßenbahn darauf reagieren. Erst der Trick der „Selbstüberlistung", indem wir alle uns zu nahe kommenden Personen als „Nicht-Personen", also Luft, behandeln (Vermeidung von Blick-Kontakt!), lässt uns das Eindringen fremder Menschen in unseren Lichtkugel-Bereich überstehen. Aber auch für „persönliche", „geschäftliche" oder „öffentliche" Kontakte gibt es kulturbedingte, räumliche Verhaltensweisen. Diese zu akzeptieren und zu respektieren sichert uns stressfreien, selbstverständlichen Kommunikationsaustausch (Birkenbihl 1985).
Natürlich agieren und reagieren wir auch sehr differenziert, was unsere Zuwendung zu anderen mittels einzelner Körperteile oder auch das Spiel mit "oben und unten" im Raum anlangt. Dazu sollen die folgenden Übungen einen ersten Einblick gewähren.
Wieder geht es darum, ganz persönliche Prägungen und Verhaltensweisen bewusst zu machen. Erst wenn Ihnen klar ist, wie Sie funktionieren, können Sie daran etwas ändern - wenn Sie es wollen.

2.2.1. Übung: „Eine Wendung nehmen ..."

Sie haben bereits in II/1.2.2., S. 19, und II/1.2.3., S. 19 erforscht, welche Zuordnungen zu einzelnen Körperteilen möglich sind. Nun wollen wir die Unterschiede von Richtungsänderungen im Raum, eingeleitet durch den Kopf oder den Oberkörper erspüren.

- Schritt a): Nehmen Sie die Nullstellung ein, wenden Sie den Kopf um 90 Grad, Kinn über eine Schulter, fixieren dort einen Punkt, drehen dann den Rest des Körpers unter dem Kopf um 180 Grad weiter, bis die zweite Schulter unter dem Kinn landet, drehen den Kopf um weitere 180 Grad, lassen den Körper folgen bis er in der Ausgangsposition landet und brauchen jetzt den Kopf nur mehr um 90 Grad weiterzudrehen, um wieder in der Nullstellung dazustehen.

  Dies lässt sich in beide Richtungen üben. Lernen sie klar zu spüren, wie Kopf oder Oberkörper eindeutige Positionen finden und halten.

  Dieselbe klare Bewegungsqualität bestimmt nun unser Fortkommen im Raum.
- Schritt b): Gehen Sie geradlinig durch den Raum. Jede Richtungsänderung leiten Sie durch eine Wendung des Kopfes ein und lassen Oberkörper und Beine etwas später folgen. Sobald Ihnen dieser Bewegungsablauf geläufig ist, bitte ich Sie zu erspüren, wann, in welchen Situationen, mit welchen Gedanken und Gefühlen Sie sich solcherart durch den Raum bewegen würden. Finden Sie die „Geschichte", die der Körper dabei erzählt. Es gibt für jedwedes körperliches Verhalten einen ganz speziellen Grund. Merken Sie sich drei Möglichkeiten.
- Schritt c): Sie bewegen sich wiederum geradlinig vorwärts, blicken geradeaus und halten Kopf und Blick geradeaus gerichtet, auch wenn Oberkörper und Beine nun die Richtung ändern. Danach erst folgt der Kopf, um wieder gerade nach vorn zu blicken. Welche „Körpergeschichten" können Sie jetzt entdecken? Sammeln Sie wieder Ihre Assoziationen und merken Sie sich drei Varianten.

Zum Abschluss können Sie, bei einer Arbeit in der Gruppe, einander die gesammelten Ideen vorspielen. Sprechen Sie dabei laut aus, was in Ihrem Inneren vorgeht, welche Gedanken Sie haben, wenn Sie auf die eine oder andere Art um die Ecke biegen.
Vergleichen Sie die Beispiele mit Ihren Erkenntnissen über die Bedeutungszuordnungen von „Kopf" und „Brustkorb" bzw. „Becken" (vgl. I/3.2.1., S. 44, und II/1.2.3., S. 81).

2.2.2. Übung: Erhoben versus unterlegen

Nun wollen wir Raumverhältnisse zwischen oben und unten erforschen. Finden Sie sich zu zweit zusammen. Setzen Sie sich einander gegenüber, nehmen Sie Blick-Kontakt auf. Nehmen Sie einander als Ganzes wahr ohne die Blicke schweifen zu lassen. Spüren Sie Ihren Körper. Stellen Sie sich auf diese ungewöhnliche Art des „Einander-Gewahr-Seins" ein. Lassen sie sich Zeit dafür.
Verfolgen Sie mit Achtsamkeit und Bewusstsein alle nun folgenden Veränderungen Ihrer räumlichen und – damit verbunden – persönlichen Beziehung. Registrieren Sie alle Assoziationen, Bilder, Erinnerungen, Gedanken und Gefühle.

- Person A erhebt sich von ihrem Stuhl und stellt sich darauf. Person B geht vor Person A auf die Knie. Halten Sie Blickkontakt und atmen Sie weiter! Geben Sie dieser Situation Raum und Zeit. Spüren Sie, was Ihnen Ihr eigener Körper und der Ihres Gegenübers erzählt. Registrieren Sie etwaige auftauchende Impulse, um die gegebene Situation zu verändern, bleiben Sie aber unbeirrt dabei.
- Danach reicht die Person am Stuhl ihrer Partnerin die Hand und beide helfen einander, um vor einander zum Stehen zu kommen. Nehmen Sie innerliche Veränderungen wahr, während Sie sich in diese Abschluss-Position bewegen. Sobald Sie das Gefühl haben, ganz angekommen zu sein, wechseln Sie die Rollen und wiederholen ohne zu sprechen den gesamten Ablauf.
- Anschließend nehmen Sie wieder Platz, bedanken sich für das gemeinsame Erlebnis und tauschen einander Ihre Er-

fahrungen aus. Machen Sie sich bewusst, daß dieses räumliche Erleben nicht nur in der durchgeführten, extremen Konstellation wirkt. Auch bei minimal angedeuteten Verhältnissen von „oben" und „unten" können bereits Ihre eingeprägten Muster aktiviert werden.

Variante: Ähnlich gehen Sie vor, wenn sich Person A auf den Rücken legt, während Person B sich mit gegrätschten Beinen, etwa auf Höhe des Beckens der liegenden Person, darüber stellt. Worin besteht der Unterschied zwischen knien und liegen?

Erkenntnisse über sich selbst können einerseits durch solcherlei bewusste Wahrnehmungsübungen und Reflexion erlangt werden, andererseits auch durch spielerisch-kreative Rollenarbeit, in der verschiedene Varianten räumlichen und zwischenmenschlichen Verhaltens ausprobiert werden können.

In der dritten Übung dieses Abschnitts können Sie die bisherigen Erfahrungen mitschwingen lassen, wenn Sie folgende Szene improvisieren:

2.2.3. Übung: Annäherung in alphabetischer Reihenfolge

Arrangieren Sie ein „Chefzimmer" mit „Chefsessel" und Schreibtisch. Markieren Sie die Türe und das Sekretariat davor. Personen der Szene sind Chefin und Sekretärin. Die Situation ist gespannt, da bespielsweise die Chefin nicht gestört werden will, während die Sekretärin wegen dringendst zu erledigender Unterlagen einige Unterschriften benötigt. Gesprochen wird nur mit den Buchstaben des Alphabets. So kann auf die Frage der eintretenden Sekretärin „a,b?" die Chefin antworten mit „c, d, e!" etc. Auf diese Weise wird die Aufmerksamkeit auf die nonverbalen Ausdrucksmittel (Körpersprache, Tonfall etc.) gelenkt. Dabei ist vor allem auf den Umgang mit dem Raum zu achten. Auch der Faktor Zeit spielt dabei eine Rolle, auf den wir in Abschnitt II/3.3., S. 109 noch eingehender zu sprechen kommen werden.

Lassen Sie bei dieser Art von Improvisation den Verlauf und das Ende der Szene spontan entstehen und reflektieren Sie darüber, wie weit Ihr spielerisches Verhalten Ihnen auch von realen Situationen her bekannt ist. Versuchen Sie andere, für Sie neue Vorgehensweisen zu finden und probieren Sie diese aus.
Beim Arrangieren des Büros sind Ihnen wahrscheinlich auch klare Bilder von der Einrichtung und Ausstattung eines solchen Raumes gekommen. Es ist wert, unter dem Aspekt „Status" dazu noch einige Überlegungen anzustellen.

2.3. Territorium und Status

Unsere bisherigen Betrachtungen bezogen sich vornehmlich auf unseren Körper und jenen Raum um uns, den wir sozusagen „mitnehmen", wo immer wir uns hinbewegen. Unseren Gedanken und Gefühlen geben wir entsprechenden *Aus*druck. Unser Körper wird aber auch be*ein*druckt, und zwar nicht nur durch andere Menschen, sondern auch durch Räume und Gegenstände.

Man spricht von Territorium, wenn ein ortsgebundener Raum, ein Bereich durch Grenzen und seinem Zweck entsprechend definiert ist. Diese Definition geschieht meist durch Gegenstände (etwas „steht entgegen"), Zeichen bzw. Symbole oder Hinweisschilder. In der Skizze 12 (s. S. 98) finden Sie eine Folge von immer größer werdenden Territorien, denen man sich allen gleichzeitig zugehörig fühlen kann. Oft hat aber der kleinste, einem am nächsten befindliche Ort die größte Wichtigkeit („das Hemd ist mir näher als der Rock").

Interessant ist zu beobachten, wie oftmals mittels Gestaltung von „Räumen" Macht und Status (besonders in Diktaturen) demonstriert wird, um zu be*eindrucken.* Beispiele dafür reichen von den großzügig ausgestalteten Palästen bis zu dem großen Schlüsselbund (Herrschaft über viele Räume) am Restaurant-Tisch. Schon Charlie Chaplin hat in seinem Film „Der große Diktator" eine bezaubernde Persiflage auf dieses Statusgehabe geschaffen.

Nun, versetzen Sie sich gedanklich kurz in eine Situation, in der Sie von dem „Territorium", das Sie betraten und von dessen Status-Sym-

Territorium

Als persönliche Territorien unterschiedlicher Größenordnung werden empfunden zum Beispiel:

Der Sitzplatz am Tisch
Der Tisch selbst
Der Raum in dem der Tisch steht
Das Gebäude in dem der Raum ist
Der Grund auf dem das Gebäude steht
Der Ort in dem dieser Grund liegt
Die Region in der sich der Ort befindet
Das Land zu dem die Region gehört
Der Staat in dem dieses Land liegt
.
.
.

allgemein / zunehmende Größenordnung — individuell / abnehmende Bedeutung

Grenzen zu achten bedeutet, nur mit Einwilligung des anderen sein Territorium zu betreten, d.h.

- Anfragen
- auf Erlaubnis warten
- sich als „Gast" benehmen

Skizze 12

bolen Sie beeindruckt waren (Gebäude, Räumlichkeiten, gestaltete Plätze). Ver-gegenwärtigen Sie sich Ihre Körpergefühle! Erinnern Sie sich an Ihr verändertes körpersprachliches Verhalten. Merken Sie sich dies.

Einem derartigen Erlebnis möchte ich gerne ein anderes entgegenstellen, wobei wiederum der Ein*fluss* (weniger der Ein*druck*) eines Raumes, eines Territoriums, einer Umgebung maßgeblich sein soll. Entsprechend der chinesischen Kunst, Lebensräume zu gestalten (Feng

Shui, s. weiterführende Literatur, Anhang F), können bestimmte Objekte, Pflanzen und Proportionen von Raum-Maßen dazu beitragen, die allgegenwärtige Lebensenergie zu fördern und ins Fließen zu bringen. Dieser Einfluss ist von unserem Körper-Energie-System wahrnehmbar und verändert ebenfalls Körpergefühl und nonverbales Verhalten. Vielleicht finden Sie Gelegenheit, sich an solch einem Ort aufzuhalten, sich zu öffnen und bewusst die Veränderungen Ihrer Befindlichkeiten auf allen Ebenen (körperlich - seelisch - geistig) zu beobachten. Wahrscheinlich brauchen Sie etwas mehr Zeit und Ruhe dafür, diesen *Einfluss* zu erkennen als Sie Zeit brauchen, um den Eindruck zu erfassen, den Status-Symbole zur Machtausübung vermitteln. Entsprechend des von mir erwähnten „Energie-Kontinuums" sind nämlich feinere Energien nicht von jedem sofort wahrnehmbar. Vergleichen Sie diese andere Raum-Qualität mit der ersteren!
Es ist wichtig, den Lebensraum anderer, also deren Territorium, zu respektieren und die Grenzen zu erkennen. Ein Überschreiten oder gar Verändern dieser Grenzen Ihrerseits, bedarf der Anfrage und klarer Signale des Einverständnisses, wenn Sie Konflikte vermeiden wollen. Dies ist eine Grundvoraussetzung, um mit einander achtsam und in Achtung umzugehen.
Ansonsten provozieren Sie Gegenangriff, Fluchtreaktionen oder Totstellen (vgl. III/1.1. Reptilienhirn, S. 117).

2.3.1. Übung: „Angriff mit Messer und Gabel"

Wenn Sie die erwähnten Reaktionen ausprobieren wollen, indem Sie das Territorium anderer verkleinern, können Sie folgendes Experiment durchführen: Beim nächsten Abendessen mit Freundinnen oder Bekannten in einem Restaurant erweitern Sie Ihr Ihnen zugebilligtes Territorium folgendermaßen. Ich meine damit jenen Bereich, den Sie beispielsweise mit Autoschlüssel, Zigaretten und Feuerzeug oder Messer, Gabel und Serviette am Tisch bereits abgesteckt haben. Schieben Sie zwischendurch immer wieder unbemerkt Ihre Gegenstände weiter auseinander in das Territorium Ihrer Tischnachbarin hinein. Noch direkter wirkt Ihr heimlicher „Angriff", wenn Sie die Besitztümer der Nachbarin von sich schieben. Aber wohl gemerkt: Bleiben Sie ins Gespräch vertieft, ohne die Aufmerksamkeit auf Ihre Grenzkorrekturen zu lenken. Beobachten Sie, ab wann, welche der drei möglichen Grundreaktionen folgt:

a) *Fluchtreaktion:* Nachbarin nimmt ihre Sachen und rückt ab von Ihnen.

b) *Gegenangriff:* Nachbarin schiebt Ihre bzw. die eigene Grenzmarkierung wieder zurück auf den ursprünglichen Platz.

c) *Totstellen:* keine erkennbare Reaktion, wohl aber Irritation, nicht mehr ganz bei der Sache sein, „blackout".

Oft spielt sich dieses Verhalten vollkommen unbewusst ab, während das Gespräch am Tisch weiterläuft. Vielleicht aber ernten Sie auch einen erbosten Blick oder eine neugierige Bemerkung. Im letzten Fall haben Sie eine neue Interessentin für die Bewusstwerdung unserer nonverbalen Ausdrucksformen gefunden.

2.3.2. Übung: Grenz-Ziehung

Jede der Gruppenteilnehmerinnen möge vier kleine Gegenstände, die sie bei sich hat, mit in den Gruppenraum bringen, sich einen Platz finden und mit den vier Utensilien ihren ganz persönlichen Raum um sich markieren. Das Ganze geschieht ohne zu sprechen und mit größtmöglicher Spontaneität und Wachsamkeit. Nicht lange überlegen!

Sobald Sie also Ihr Territorium abgesteckt haben, bitte ich Sie nun zu registrieren

- wieviel Platz Sie für sich in Anspruch genommen haben (vergleichen Sie dies mit anderen)
- wo im Raum Sie sich befinden (die Anweisung hieß: „Finden Sie Ihren Platz."): in der Mitte? an der Wand? in der Ecke?
- wieviel Zwischenraum („Niemandsland") zwischen Ihren Grenzen und denen Ihrer Nachbarinnen liegt
- was Ihre vier Gegenstände signalisieren, welchen Symbolgehalt sie haben und was das mit Ihnen persönlich zu tun haben könnte. (vgl. I/3.2.3. „Ein Stein All Ein", S. 49)

Tauschen Sie sich mit einer Ihrer Nachbarinnen darüber aus. ... Übrigens, warum gerade mit dieser Nachbarin?
Anmerkung: Falls Sie Ihre Erkenntnisse, die Sie aus dieser Übung gewinnen können, weiter vertiefen wollen, bitte ich Sie, alles unter den in III/2.1. „Zufälle ...", S. 129 beschriebenen Gesichtspunkten zu betrachten.

2.3.3. Übung: „Auf die Pauke hauen ..."
Falls Sie immer schon davon geträumt haben, einmal zu den ganz „Mächtigen" zu gehören, können Sie sich jetzt in einem Rollenspiel in diese Situation versetzen.
(1) Sammeln Sie in der Kleingruppe alle Erfahrungen, in denen Sie Machtausübung und Demonstration von Status erlebt haben, z.B. beim Militär, in Ämtern, Schulen, Krankenhäusern, Polizeistationen, Chefetagen, am Staatsopernball, in der Familie etc..
(2) In welcher Position befanden Sie sich dabei?
(3) Wie wurden dabei Raum, Abstand, Tonfall, Status-Symbole, Körperhaltung etc. eingesetzt?

Nun bitte ich Sie, gemeinsam einen Sketch zu erfinden, indem Sie alle möglichen Macht-Mittel bewusst einsetzen und deren Wirkungsweise sicht- und erlebbar machen.
Sobald diese Mechanismen durchschaubar werden, wird es leichter, sich ihnen zu entziehen. Gleichzeitig können Sie entdecken, wann und wo Sie selbst dazu neigen, solche Möglichkeiten für sich zu nützen, um Ihre eigene Position zu stärken.

Mehrere solcher Sketches können durchaus einen repräsentativen Querschnitt durch die gängigsten nonverbalen Methoden des Beeindruckens zeigen. Bedenken Sie, mit Humor und Lachen lässt sich gleichzeitig Vieles lösen (vgl. I/3.3.2. „Lachparade", S. 57).

3. Ich in der Zeit

Wir sind im Körper.
Wir sind im Raum.
Wir sind auch in der Zeit.
Also ist es wichtig, sich bewusst zu machen, wie der Faktor Zeit auf uns wirkt, wie wir damit umgehen und wie dies unser „Bewusst-Sein-im-Körper" prägt.
Wieder einmal erscheinen mir drei Aspekte besonders wichtig:

- die Gleich-Zeit-igkeit
- der Zeit-Punkt
- die Zeit-Dauer

Sie erkennen schon, dass das Beobachtungsfeld unseres Verhaltens immer weiter wird. Wenn wir nicht unfreie Getriebene unserer Verhaltensmuster bleiben wollen, müssen wir unser Augenmerk auf immer mehr Bereiche ausdehnen. Wir müssen die Muster entdecken und – wo nötig oder erwünscht – verändern bzw. je nach Situation unsere Handlungsweisen gewollt, gezielt, aktiv (als „Täter" statt als „Opfer") adäquat einsetzen.
Setzen wir also fort, an unserer Bewusstseinserweiterung zu arbeiten.

3.1. Fahrtenschreiber oder Die externe Beobachterin

Stellen Sie sich vor, es gäbe außerhalb von Ihnen eine eigenständige Beobachterin. Vielleicht ist es ein wachsamer Vogel, der auf Ihrer Schulter sitzt, dem nichts entgeht, der alles registriert, was *in* Ihnen und *um* Sie herum vorgeht, mit dem Sie sprechen können und der Sie auch auf Einzelheiten aufmerksam machen kann. Sind Sie eher technisch orientiert, können Sie sich auch einen Fahrtenschreiber vorstellen, wie ihn Flugzeuge mitführen. Dabei wird jede Einstellung oder Veränderung von Messdaten entsprechend dem time-code einem exakten Zeitpunkt zugeordnet. So können Sie jederzeit vergangene Ereignisse abfragen und überprüfen, wo und wann welche Gleichzeitigkeiten aufgetreten sind.
Es gibt nämlich Zusammenhänge zwischen Ihnen als gesamtes Körper-Energie-System und beobachtbaren Veränderungen in Ihrer Umgebung bzw. Ihren Mitmenschen. Wollen Sie diese Zusam-

menhänge erforschen, brauchen Sie die Fähigkeit, Ihren Fahrtenschreiber mit maximaler Beobachtungsbandbreite zu aktivieren, ihn bei Bedarf blitzschnell abzulesen und die Signale interpretieren zu können.

Mögliche Anwendungsgebiete für diese Fähigkeit werden in weiteren Abschnitten (vgl. II/3.3., „Zeichen der Zeit ...“, S. 109, und III/2.1., „Der Alltag als Spiegel ...“, S. 129) noch besprochen. Doch zunächst gilt es, die Fähigkeit der gleichzeitigen Beobachtung zu entwickeln und sich damit im eigenen Körper ganz zu Hause zu fühlen. Denn ich darf annehmen, dass Sie jetzt gerade, während Sie diese Zeilen lesen, keine Ahnung davon haben, ob oder wie Sie Ihre rechte kleine Zehe spüren!

Es sei denn, dass diese Zehe es für notwendig erachtet hat, sich durch irgendeinen Schmerz bemerkbar zu machen! Dann können Sie beginnen, den tieferen Grund dafür zu erforschen. Antworten wie „Es ist mir eben jemand darauf gestiegen.“ sind zu wenig erschöpfend! Vielmehr gibt es umfassende Daten zu kombinieren: Was habe ich zu dem Zeitpunkt gedacht, getan? Wer war die andere Person? Was läuft zwischen ihr und mir eigentlich? etc.

Beginnen wir also mit dem Training, das – einmal begonnen – beständig fortgeführt werden muss, um wirklich Nutzen und Hilfe daraus zu ziehen. Es baut auf jene Übung auf, die die Grundlage dafür legt, in unsere Mitte zu kommen (vgl. I/2.3., „Bin ich überhaupt bei mir?“, S. 29). Es empfiehlt sich, zum Einstieg diese zu wiederholen und mit den folgenden Übungen fortzufahren. Nur so erlangen Sie erweiterte Wahrnehmungsfähigkeiten!

3.1.1. Übung: Bewusst sein in Bewegung

Nachdem Sie sich zentriert haben, beginnen Sie jetzt durch den Raum zu gehen und jeden Körperteil in Bewegung wahrzunehmen. Beginnen sie wieder bei den Füßen, Fußgelenken, Knien, Hüften. Spüren Sie wie Sie die Füße von der Ferse zu den Zehen hin abrollen, wie sich das Becken bewegt, wie sich diese Bewegung über die Wirbelsäule bis zum Kopf hin fortsetzt. Arme, Hände, ja auch Ihre Atembewegung holen Sie in Ihr Bewusstsein. Spüren Sie Ihre Mitte, nehmen Sie Ihre Lichtkugel dazu. Das alles gleichzeitig, in Bewegung!

Jedes Detail wird von Ihrer externen Beobachterin registriert. Zusammenhänge zwischen Bodenkontakt, Bewegung der Arme, Becken und Nacken werden empfunden und hergestellt. Sobald Sie das Gefühl haben, damit zurecht zu kommen, können Sie beginnen, die Bandbreite Ihres Fahrtenschreibers mit der nächsten Übung zu erweitern.

3.1.2. Übung: Bewusst sein in der Umwelt

Während Sie alles Bisherige beibehalten, beginnen Sie, Ihre Wahrnehmung nun *gleichzeitig* auf den Raum, die Umgebung, Ihre Umwelt zu lenken.

Sie sehen die Objekte, Einrichtungsgegenstände, Tapeten, Fenster des Raumes. Während Sie weiter in unterschiedlichen Richtungen den Raum durchqueren, lassen Sie auch die Blicke aus den Fenstern in die Umgebung schweifen. Alles wird vom Fahrtenschreiber registriert, vor allem auch Veränderungen – Wolken ziehen, Autos fahren, Bäume bewegen sich im Wind. Sie hören Lärm, Geräusche von außen, Ihre eigenen Schritte, Atemzüge, Töne anderer Menschen im Raum. Sie riechen vielleicht verschiedene Gerüche und Düfte, spüren Wärme von den Heizkörpern, empfinden Dunkelheit in den Zimmerecken und die Helligkeit der Sonne durch die Fenster – alles gleichzeitig neben Ihren Bewegungen der Körperteile. Doch noch bleiben Sie ganz für sich allein – selbst in der Gruppe.

Die dritte Übung beansprucht noch mehr Kapazität Ihres Fahrtenschreibers, der Faktor „Veränderungen in der Zeit" wird mehr beansprucht.

3.1.3. Übung: Bewusst sein mit anderen in der Zeit

Nachdem Sie sich selbst, Ihren Körper, Ihre Lichtkugel, Ihre Bewegungen, Ihre Umgebung genau aufgenommen haben, lenken Sie jetzt Ihre Aufmerksamkeit auf die anderen Menschen im Raum, die mit Ihnen die selbe Übung machen.

Welchen Gesichtsausdruck, welche Bewegungen, welche Haltungen finden Sie? Versuchen Sie vorsichtig, Blickkontakt herzustellen.

Achtung! Beobachten Sie, wie leicht und schnell Sie von sich weggehen, Ihr „Bewusstsein verlieren" über sich selbst, wenn Sie jemanden in die Augen sehen.
Gehen Sie durcheinander, nicht hintereinander im Kreis. Beobachten Sie, was sich alles *in* Ihnen verändert, wenn Sie zu einer gewissen Zeit bzw. eine Zeitlang mit einer anderen Person Kontakt aufnehmen und diesen wieder abbrechen.
Nun beginnen Sie mit allen gemeinsam das Tempo Ihres Gehens mit der *Zeit* zu verändern, alle *gleichzeitig,* und registrieren *gleichzeitig* alles, vor allem dort, wo es Unregelmäßigkeiten gibt. Merken Sie sich markante Situationen (vgl. Bartussek 1998, Kap. I/3.2., S. 30).
Es ist viel, ich weiß!
Doch Sie können diese Bewusstseinserweiterung *jederzeit* und überall weiterüben: beim Einkauf, im Büro, zu Hause, in der Freizeit, am Krankenlager, ... eigentlich ist dafür immer Zeit! Bleiben Sie dran, bis sich Ihr Umgang mit der externen Beobachterin automatisiert hat, zu einem bedingten Reflex und für Sie zur selbstverständlichen Gewohnheit geworden ist.
Ab diesem Zeitpunkt wird Ihr Leben spannender als ein Kinofilm. Es erschließen sich neue Welten, Einsichten, Erkenntnisse und Zusammenhänge, die eine echte, drogenunabhängige dauerhafte *Bewusstseinserweiterung* darstellen.

3.2. Der erste Eindruck oder Die Zeit läuft

In I/1.1., „Das Eisberg-Modell", S. 15, haben wir schon festgestellt, dass bereits zum Zeitpunkt *Null,* also im ersten Augenblick einer Begegnung die gesamten Informationsinhalte jedes Körper-Energie-Systems gegenseitig ausgetauscht werden und sofort zu spürbaren Reaktionen führen können (Sympathie, Antipathie, Liebe auf den ersten Blick etc.). Gleichzeitig ist jeder von uns in Verhaltens- und Gedankenmustern gefangen, die allerdings z.B. mit Hilfe des Fahrtenschreibers entlarvt werden können. Somit treffen wir in diesem ersten Augenblick – aufgrund der bewussten und unbewussten Informationen und unserer Muster – vorschnell ein Urteil, ein Vor-Urteil. „So weit so gut" – und zwar insofern, als wir *für's erste* eine Erklärung für unsere spontane Reaktion haben.

Doch was passiert jetzt mit der Zeit?

Mit der Zeit werden wir unsere Vorurteile bestätigt finden. Warum? Weil wir unbewusst alles dazutun, dass sie sich bestätigen! Das hängt mit der *Macht der Erwartungen* zusammen:

Wenn wir Negatives erwarten, werden wir nur das Negative sehen. Erwarten wir Positives, sehen wir alles durch die rosarote Brille. Die nachfolgende Skizze 13 veranschaulicht, wie wir unsere Vorurteile bestärken.

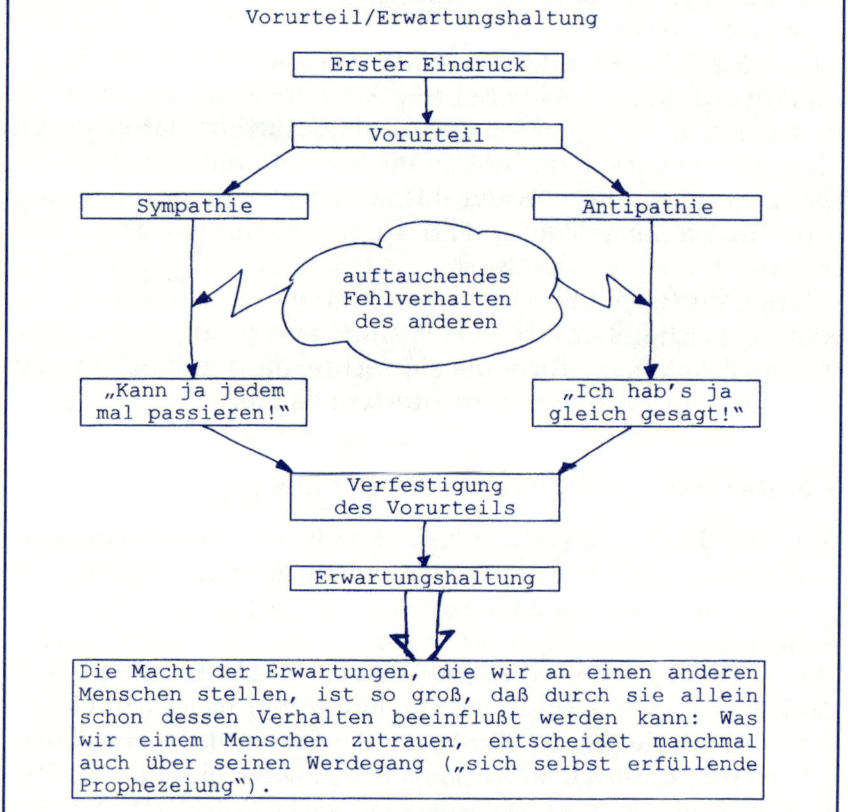

Skizze 13

Die Macht der Erwartungen, die wir an einen anderen Menschen stellen, ist so groß, dass durch sie allein schon dessen Verhalten beeinflusst werden kann: Was wir einem Menschen zutrauen, entscheidet manchmal sogar über seinen Werdegang („sich selbst erfüllende Prophezeiung" – vgl. Birkenbihl 1985)!
Wiederum vermitteln wir unsere Erwartungs*haltungen* zum überwiegenden Teil durch körperliche nonverbale Signale.

- Um aus dem Kreislauf der sich verfestigenden Vor- bzw. Fehl-Urteile herauszukommen, müssen wir uns öffnen, *Zeit* nehmen und mit der ganzen Bandbreite unseres Fahrtenschreibers das weitere Verhalten unserer Mitmenschen und uns selbst beobachten.
  So kann der erste Eindruck von einer Situation sowohl zu falschen Urteilen und Fehl-Entscheidungen als auch zu Missverständnissen führen, die wiederum Ursache von Konflikten sein können.
  Noch einmal: Geben wir uns genügend Zeit, um
- zusätzlich zu den körpersprachlichen Hauptsignalen jene gleichzeitig vorhandenen Neben- oder Meta-Signale zu erkennen, die für die Interpretation unserer Wahrnehmungen entscheidend sind. Sehen wir zwei Burschen raufen (Hauptsignal), wissen wir erst anhand der Mimik oder Laute (Meta-Signale), ob es um „Tod oder Leben" geht oder um Spaß.
- In Theatersituationen wird gerne mit Missverständnissen und den Erwartungshaltungen der Zuschauer gespielt. Entweder werden aus dramaturgischen Gründen Missverständnisse und daraus resultierende Konflikte benötigt oder man nützt un*erwartete* Lösungen für Überraschungen und Pointen.

Wir wollen uns daher zur Schulung unseres kreativen Ausdrucks und zur Bewusstmachung von Haupt- und Meta-Siganalen spielerisch einige missverständliche Körperhaltungen und deren mögliche Konsequenzen im szenischen Spiel erarbeiten.

3.2.1. Übung: Mehrdeutigkeiten, bewegungslos

Finden Sie in der Gruppe, jede Teilnehmerin für sich, drei Haltungen, also Körperpositionen ohne Bewegung, die mindestens zwei unterschiedliche Interpretationen erlauben. Z.B. Eine Person, stehend, mit Kopf im Nacken; dies könnte bei oberflächlicher Betrachtung, also ohne Berücksichtigung der

Meta-Signale, u.a. folgendermaßen gedeutet werden: in den Himmel schauen, gurgeln, nachdenken, Kopfschmerzen, Nasenbluten am Beginn des Nießens etc. Finden Sie möglichst unterschiedliche Haltungen: stehend, sitzend, liegend, kauernd, knieend, gebeugt, offen, geschlossen etc. und probieren Sie sie für sich aus. Dabei können Sie sicher noch weitere Deutungen entdecken. Merken Sie sich Ihre drei vielfältigsten Beispiele.

3.2.2. Übung: Mehrdeutigkeiten, bewegt

Nun finden Sie sich in Kleingruppen zusammen und führen einander Ihre gefundenen Haltungen vor. Dabei wird es genügend Material geben, um gemeinsam drei Szenen zu entwickeln, in denen nicht nur die Haltung, sondern auch die Bewegung bzw.die Handlung zunächst mehrfach interpretiert werden kann. Natürlich können an solch einer Situation mehrere Personen beteiligt sein. Wiederum ist das Tun, das Ausprobieren wichtig. Sich selbst in die betreffende Lage zu versetzen eröffnet wesentlich weitere kreative Impulse als zuzuschauen oder gar darüber zu reden bzw. nachzudenken. Diejenigen, die gerade im Probieren sind, können sich also leiten lassen von ihren inneren Assoziationen, wie auch von denen, die ihre Kolleginnen in der Beobachterinnen-Rolle haben.
Neben dem schon erwähnten Beispiel mit dem Raufen möchte ich auf die unglaubliche Ähnlichkeit von Lachen und Weinen hinweisen, sofern nicht die Mimik, sondern nur die Körperbewegung zu sehen ist. Ebenso können Hüpfen und Springen sowohl Ausdruck von Freude wie auch von Schmerz sein. Wo liegen die Gemeinsamkeiten? Was wäre maßgeblich für eine eindeutige Interpretation?

3.2.3. Übung: „Ich dachte ..., aber nein!"

Mit den Erkenntnissen und Erfahrungen der vorigen Übungen ausgestattet, sind Sie nun in der Lage, nach theatralischen Gesichtspunkten ein Missverständnis zu inszenieren. Bauen Sie ganz gezielt die Erwartungshaltung Ihrer Zu-

schauerinnen auf, indem Sie körpersprachlich eine Ausgangssituation für Ihre Szene schaffen, die (scheinbar!) eine klare, zu erwartende Entwicklung suggeriert. Erst das spezielle Verhalten oder das Hinzukommen einer weiteren Darstellerin deckt das Missverständnis und die falschen Erwartungen des Publikums auf.
In der Clown-Arbeit gibt es unzählige Lösungen für folgende „eindeutige" Situation: Clownfrau A steht vorne übergebeugt. Sucht sie etwas? Clownfrau B entdeckt die prächtig präsentierte Hinterseite. Der Fußtritt scheint unausweichlich ... Vorfreude ... Erwartungshaltung ... Doch just zum Zeitpunkt der höchsten Spannung verändert sich Clownfrau A ... oder ihre Reaktion ist unerwartet klein bzw. groß, anders ... oder es gibt eben ein Missverständnis ... Entdecken Sie selbst!
Wie gut Sie dieses Prinzip erkannt und angewandt haben, erfahren Sie, sobald Sie Ihren Sketch dem Rest der Gruppe vorspielen. Die Feedback-Runde möge klären, was gut funktioniert hat, was nicht und warum, vor allem aber, woran es gelegen haben könnte, wenn die erwartete (!) Publikumsreaktion ausblieb (vgl. Bartussek 1998, Kap. II/3.2, S. 47).
Ein letztes typisches Beispiel für ein Missverständnis aufgrund des ersten Eindrucks ist der freundlich winkende Typ, der auf mich zukommt, um dann an mir vorbeizugehen und die Person hinter mir zu begrüßen. Meine bereits zum Gruß ausgestreckte Hand muss durch eine Verlegenheitsgeste aus ihrer sinnlos gewordenen Position gebracht werden. ... „Ich dachte ..., aber nein!"

3.3. Zeichen der Zeit oder Der entscheidende Zeitpunkt

Nachdem Sie Ihren Fahrtenschreiber installieren sowie erproben konnten (II/3.1.) und die Be- oder Missdeutung erster Eindrücke erforscht haben (II/3.2.), ist es jetzt an der Zeit, den Verlauf von Kommunikations-Situationen auf kritische Momente hin zu durchleuchten. Gleichzeitig lernen Sie aufgrund der Daten im Fahrtenschreiber, Ihr Verhalten immer wieder zu überprüfen und gegebenenfalls zu verändern.

Es gilt also die Fähigkeit zu entwickeln, während einer Unterredung, einer Verhandlung, einer Diskussion, eines Bewerbungsgesprächs, beim Spiel, wenn Sie so wollen, eigentlich bei jedweder Art menschlichen Zusammenseins, jederzeit wachsam und präsent zu sein. Erst dann können Sie neben den inhaltlichen oder fachlichen Anforderungen einer Gesprächssituation die Gesamtkonstellation in ihrem körperlich-energetischen Verlauf verfolgen. Hauptaugenmerk sollten Sie dabei auf *Signale der Veränderung* von Haltungen und der zum selben Zeitpunkt ausgesandten verbalen oder nonverbalen Informationen lenken.

Beispiel 1: Sie sind in ein Gespräch mit einer Kollegin vertieft, erzählen von neuen Vorhaben, Plänen. Ihre Gesprächspartnerin hat den Oberkörper leicht vorgeneigt und Ihnen zugewandt. Beide Füße ruhen in Schulterbreite nebeneinander am Boden. Dies können Sie als Zeichen der Zuneigung, Zuwendung und Offenheit interpretieren, als allgemeines Interesse.

Plötzlich registriert Ihr Fahrtenschreiber bei der Gesprächspartnerin:

ein Überkreuzen der Beine oder
ein leichtes Abwenden des Oberkörpers oder
ein Zurücklehnen oder
ein Zusammenziehen der Augenbrauen oder
einen Seufzer oder ...
... oder ... alles zusammen

Das ist der kritische Moment!

Aufgrund der beobachteten Veränderung rufen Sie von Ihrem Fahrtenschreiber sofort alle Ihre eigenen Signale ab, die Sie zu *genau diesem Zeitpunkt* ausgesandt haben:

welchen Satz, welches Wort
welchen Tonfall, Zwischenton, Atemzug
welche Geste, Mimik,
welche Veränderung im Raum, Abstand, Territorium etc.

Eines dieser Signale oder auch mehrere bewirkten in Ihrem Gegenüber eine Änderung der Haltung – äußerlich und damit meist auch innerlich! Dies kann der Beginn eines Rückzuges sein. Ihre Zuhörerin hat das Interesse an Ihren Plänen verloren, Sie haben eine Unterstützerin Ihrer Ideen verloren, *wenn* Sie das Zeichen dieses Zeitpunkts unbeachtet lassen.

Also müssen Sie versuchen, das Interesse wieder zu gewinnen, durch bewusste, adäquate Veränderung Ihres eigenen Verhaltens: Wortwahl – Stimme – Tempo – Pausen – Körpersprache – Energie.
Vielleicht haben Sie einfach Ihre energetische Mitte verlassen, waren außer sich vor Begeisterung, verloren den Boden unter den Füßen, setzten zum Höhenflug Ihrer Ideen an oder stülpten begierlich Ihr ganzes Energiefeld über Ihre Kollegin, um sich ihrer Hilfe zu vergewissern (vgl. III/1., S. 116; Birkenbihl 1985). In diesem Fall sammeln Sie sich wieder, spüren Ihren Körper, besinnen sich Ihrer Wurzeln und Ihres Rückhalts. Sie verschaffen sich und damit auch Ihrer Kollegin einen Moment der Ruhe, eine Pause, eine Chance für eine neue Wendung der Unterredung.
Ich erlaube mir, Sie besonders auf die energetischen Aspekte hinzuweisen, da über die körpersprachliche auch von anderen Autoren viel geschrieben wurde (vgl. Molcho 1983, s. weiterführende Literatur, Anhang F). Weitere Möglichkeiten werden im Teil III besprochen.

Beispiel 2: Szene auf der Bühne.
Die kleine Angestellte M. ist zur Chefin beordert geworden. Sie klopft an. Die Chefin liest Zeitung, trinkt Kaffee und reagiert nicht. M. wird unsicher. Ist es der richtige Zeitpunkt? Die Chefin lässt sich Zeit. M. klopft nochmals. Es ertönt: „Augenblick noch!“ die Zeitdauer dieses Augenblicks wird zu einer Ewigkeit. M. wird noch nervöser. Die nervöse Energie äußert sich in vielen kleinen Bewegungen, verbreitet sich im ganzen Vor-Raum. Das Energie-Niveau von M. sinkt. Die Chefin spielt ihren Status aus, bestimmt über die Zeitdauer des Wartens, stärkt dadurch ihre Führungs-Position. Dann erst setzt sie die Initiative: „Herein!“
Während des Gesprächs fällt der Chefin ein Bleistift zu Boden. Dieser Zeitpunkt ist wichtig. M. springt auf, setzt dienstbeflissen die Initiative, den Stift aufzuheben. Die Chefin winkt ab. M. ist noch mehr verunsichert. Wieder verliert sie Energie, die der Chefin zugute kommt! M. möchte gehen, setzt eine Initiative, sich zu verabschieden, indem sie sich verbeugt und ein paar Schritte zurückweicht. Die Chefin: „Einen Augenblick, meine liebe M., noch etwas: Wir (Status!) würden uns mehr Initiative an Ihrem Arbeitsplatz wünschen. Sie müssten doch wissen, wann Sie jeweils entsprechend eingreifen sollten!“

M. weiß überhaupt nicht mehr, wann welche Initiativen erwünscht sind. Wann ist welches Verhalten richtig? M. möchte nachfragen, doch ... „Ja, meine liebe M. ...“, die Chefin deutet in ihrem breiten Stuhl mit Armlehnen (Status!) den sogenannten „Aufsteh-Stützgriff“ an und setzt somit den eindeutigen Zeitpunkt für das Ende der Audienz. Weitere Wortmeldungen M.'s sind ab jetzt sinnlos oder verschlechtern M.'s Position noch mehr.
Ein grausames Spiel mit persönlicher Energie! (Redfield 1994).
Unser Motto des Teils II „Du bist, wie Du dich bewegst“ nach Gabriele Roth in ihrem Buch „Leben ist Bewegung“ (Roth 1998) weist hin auf unser Wesen. So gibt es ganz bestimmte Zeitpunkte, zu denen wir mit unserem ganzen Wesen Einfluss nehmen wollen auf andere Menschen:

Beispiel 3: „Ich werde das wieder in Ordnung bringen“, sagte sie zu ihm und legte vertrauensvoll ihren Arm auf seine Schulter ...
Wer zuerst berührt, hat einen gewissen Vorsprung. Der Zeitpunkt solch eines Einflusses kann entscheidend sein für den weiteren Verlauf des Gesprächs. Was „fließt“ hier wohin „ein“? Unter dem energetischen Gesichtspunkt können Sie sich das so vorstellen: In Ihrem Energiefeld sind alle vergangenen, gegenwärtigen, wohl auch zukünftigen Informationen Ihres Wesens enthalten. Bei der ersten Begegnung, dem ersten Blick-Kontakt werden diese Informationen ausgetauscht, wie wir schon wissen. Dabei behält aber jeder seine Energie noch für sich.
Beim ersten Berührungs-Kontakt hingegen wird z.B. die ganze Energie unseres Sehnens und Wünschens von derjenigen Person, die aktiv berührt, auf die andere übertragen. Diese Energie fließt von der Berührerin in das Körper-Energie-System der Berührten ein. Sie muss erst einmal in irgendeiner Form verarbeitet oder überwunden werden, wenn beispielsweise die Berührte auf eine Bitte hin ablehnend reagieren möchte. Sie kann aber auch die erhaltene Energie plus ihrer ablehnenden, ihrerseits durch Körper-Kontakt zurückfließen lassen, bleibt aber als Re-Agierende im Nachteil gegenüber der Agierenden.
Allzugut kennen wir auch jene Reaktion, die bei einem Streit auf solche Kontakt-Versuche folgt: „Fass mich nicht an!“ Es ist sicher nicht nur Angst vor körperlicher Gewalt, die hinter diesem Ausruf steckt.

Wiederum kann Ihnen Ihr Fahrtenschreiber Auskunft geben darüber, welche taktischen Schachzüge im Laufe eines Gesprächs (wohlgemerkt – meist unbewusst!) gemacht werden und wie Sie selbst jeweils damit umgehen. Veränderungen von Haltungen, Bewegungen sind über die Zeit-Achse mit inhaltlichen Faktoren verknüpft. Ziel ist für Sie, nicht mehr unbewusst Ihren bisherigen Verhaltensmustern ausgeliefert – also unfrei – zu sein, sondern in jeweiligem Falle bewusst und frei entscheiden zu können, welches für Sie Ihr adäquates Verhalten sein soll. Nicht mehr der Zeitpunkt ist dann entscheidend, sondern Sie!

Entsprechend der vorangegangenen drei Beispiele folgen nun drei Übungen, allerdings in umgekehrter Reihenfolge.

3.3.1. Übung: Erstkontakte mit Einflussnahme

Erproben und sammeln Sie schriftlich in Kleingruppen all jene Möglichkeiten im Rahmen unserer gesellschaftlichen Normen, Körperkontakt herzustellen. Berücksichtigen Sie dabei die Unterschiede von Mann zu Frau, Frau zu Mann, Mann zu Mann und Frau zu Frau. Finden Sie gemeinsam je drei möglichst unterschiedliche Beispiele für Situationen, in denen über Berührung als sprachbegleitende Geste ein zusätzlicher Einfluss gesucht wird.

Natürlich sind auch Wechsel und mehrfache Berührungen möglich. Erspüren Sie, wodurch der Einfluss jeweils noch verstärkt werden kann und zu welchem Zeitpunkt dies geschieht! Spielen Sie dann Ihre Beispiele den anderen Kleingruppen vor, wobei Sie Ihrem spontanen Gefühl folgen sollen, wer in der Situation letztlich sich mit seinem Einfluss durchsetzt.

3.3.2. Übung: Symbole im Team

Aufgabe: Sie dürfen ab jetzt weder sprechen noch sich anders verbal verständigen (z.B. schreiben). Lassen Sie sich genügend Zeit, um sich – ausschließlich über Blickkontakt – in 2er- oder 3er-Teams zusammenzufinden. Danach bekommen Sie Material (Papier, Schere, Farben, Schnüre, Kleber, Stifte etc.) zur Verfügung gestellt. Erfinden Sie nun im Team ein Symbol

für Ihre Gemeinschaft (für dieses Seminar, für Ihre gemeinsame Firma etc.) und gestalten Sie es mit den vorhandenen Materialien.
Achtung! Nützen Sie Ihre externe Beobachterin oder den Fahrtenschreiber, um Ihr eigenes Verhalten und das Ihrer Team-Mitglieder zu registrieren. Welche entscheidenden Zeitpunkte gibt es? Verändert sich mit der Zeit etwas im Verhalten des Teams? Wer setzt Initiativen und wann? Durch welche Signale werden Führungsansprüche und Einflussnahme vermittelt?
Zusatzaufgabe: Erst wenn die meisten Symbole fertiggestellt sind, bekommen die Teams noch eine unerwartete Anweisung, nämlich ihr Symbol an der höchsten Stelle des Raumes zu befestigen. (Je höher der Raum, desto besser!) Neue Ideen und Initiativen werden gebraucht und erkennbar. Wer sind die „Macher", die „Unterstützer", die „Kommentatoren" etc. im Team?
Sobald alle Symbole im Raum erstrahlen, wird den Teams eine entsprechende Zeit vorgegeben, in der sie sich über ihre Erfahrungen und ihre Auswertungen der Fahrtenschreiber austauschen.
Zum Schluss präsentiert, wie bei einer Museums-Führung, jede Gruppe ihr Symbol den anderen. Wer ist Gruppensprecherin, wie wurde sie bestimmt, was machte der Rest des Teams?
Der Fahrtenschreiber läuft die ganze Zeit ...

3.3.3. Übung: Der Diskussions-Club

Eine Gruppenhälfte schlüpft in die Rolle der Club-Mitglieder, die zweite Hälfte in die Rolle der personifizierten externen Beobachterinnen. Dabei sollte jedes Mitglied eine Beobachterin zugeordnet bekommen, ohne zu wissen, wer sie ist. Unter den Club-Mitgliedern gibt es eine Diskussionsleiterin, Befürworterinnen, Gegnerinnen und Neugierige oder Wankelmütige, die sich überzeugen lassen können und dann ihre Rolle wechseln.
Die diskutierenden Club-Mitglieder sitzen im Kreis, ihre Be-

obachterinnen mit Notizblock in einem zweiten Kreis außen. Alle Mitglieder können mitreden, denn das Thema ist ein absurdes, wie etwa „Stehleitern bei der Erdbeer-Ernte", „Stecknadeln als Volksnahrungsmittel" oder ähnliches. Die Diskussion ist zeitlich begrenzt.
Obwohl es die externen Beobachterinnen gibt, die mitschreiben, ist jede im Club aufgefordert, ihren eigenen Fahrtenschreiber zu benützen, ihr Verhalten in Raum und Zeit und das der anderen zu registrieren. In der anschließenden Rückmeldungsrunde gibt es die einmalige Gelegenheit, die eigenen „Aufzeichnungen" mit den Notizen der Beobachterinnen zu vergleichen. In einem zweiten Durchgang werden die Funktionen getauscht!
Viel Spaß beim Diskutieren und bei der Selbsterkenntnis!

III. Die Geistes-Haltung oder Du bist, was du denkst

Nach entsprechenden Übungen und Erfahrungen, die hoffentlich unser *Bewusstsein* über und in unserem Körper haben wachsen lassen, taucht vielleicht die Frage auf, wie dies alles in unserem Alltag und für unsere weitere *Persönlichkeitsentwicklung* angewandt werden kann. Erlebnisse, Erfahrungen führen zu Erkenntnissen, diese zu persönlichem Wissen. Wissen ist Macht. Macht darf nicht missbraucht werden, sondern muss verantwortungsvoll genauso für uns selbst wie für andere angewandt werden, um das Gemeinwohl und dessen Entfaltung zu fördern. In diesem Sinn ist der dritte Teil dieses Buches der Geistes-Haltung gewidmet, die solch eine Entfaltung möglich macht. Irgendwann einmal führt auf diesem langen Wege das Wissen zur Weisheit. Es ist nie zu spät und kann nie früh genug sein, um sich auf den Weg zu machen.

1. Leben in Verantwortung – Kontrolle der Gedanken

Sie haben sich inzwischen ein gewisses Know-how erarbeiten können. Der Schwerpunkt dabei lag allerdings hauptsächlich auf dem Wissen um die Dinge wie sie so meist von selbst ablaufen. Das ist ja auch die Voraussetzung, sozusagen die Erhebung des „Ist-Zustandes“, um sich dann Gedanken machen zu können

- Was ist mein Ziel, der „Soll-Zustand“?
- Wie komme ich dorthin?
- Was ist dafür noch nötig?

Kann ich in jeder Phase meines Strebens für mein Handeln *gerade stehen* (vgl. II/1.1., S. 60), dafür *einstehen,* also für alle Folgen *aufrichtig,* Frage und *Antwort stehen?* Wenn ja, dann habe ich *verantwortlich* gehandelt.

Wie also gehe ich mit meinem Wissen, meinem Bewusstsein um, „wes Geistes“ entscheide ich mich zu sein.
Die *Richtung* für jegliche positive, lichtvolle Bewusstseinsarbeit ist die, in jedem Menschen den göttlichen Kern zu erkennen, sich selbst sowie jedem Mitmenschen mit Achtung und jenem Respekt zu begegnen, hinter dem die Liebe zu allen Wesen steht und sich für größtmöglichen Fluss hoher, aufbauender Energie einzusetzen.
Da wir als aufrechte Menschen, wie in II/1.2., S. 73, beschrieben, uns just im Feld zwischen Himmel und Erde befinden, der erdig-irdische Teil quasi für sich sorgt und heftig nach unten zieht, sind wir aufgerufen, mittels unseres Geistes nicht nur den Gegenpol dazu herzustellen, sondern mit unserer Bewusstheit die Führung in unserer Entfaltung zu übernehmen.
Immer wieder müssen wir dazu „von unten her“, d.h. bei den rein körperlichen Gegebenheiten anfangen, teilweise bei entwicklungsgeschichtlich weit zurückliegenden Tatsachen:

1.1. Reptilienhirn und psychologischer Nebel

Mit folgendem Modell nach Vera Birkenbihl (1985) können viele Verhaltensmuster sehr gut erläutert werden. Es gibt jenen Teil unseres Gehirns, der heute noch mit dem Hirn eines Reptils identisch ist. Er übernimmt sowohl bei positivem (z.B. Freude) wie negativem Stress (z.B. Angst) Grundmuster unserer Reaktionsmöglichkeiten. Diese wurden bereits in Übung II/2.3.1., S. 99, angesprochen: fliehen, angreifen oder totstellen. Bevor es zu der äußerlich klar erkennbaren Reaktion kommt, löst das Reptilienhirn bei entsprechender Reizung sozusagen kleine Portionen „psychologischen Nebels“ aus (vgl. Festinger 1964). Dadurch wird in einer Kommunikations-Situation jene Ebene, auf der der sachliche Inhalt ausgetauscht werden soll, „vernebelt“: Der Inhalt ist für Sie nicht mehr oder nur teilweise erkennbar, die Information kommt nicht mehr an, wird nicht verstanden. Sie sind zunehmend mit Gedanken und Gefühlen der Flucht oder der Aggression beschäftigt oder fühlen sich wie gelähmt und kapieren bald überhaupt nichts mehr.
Alle drei Varianten bergen Konfliktpotential in sich. Soll ein Auftrag delegiert werden und geschieht das in einer Weise, in der sich das

Reptilienhirn angesprochen fühlt, kann es z.B. einen Konflikt geben wegen

- Widerspruchs (Aggression)
- Nichterledigung des Auftrags (Flucht)
- fehlerhafter Erledigung trotz scheinbar verständnisvollen Nickens

Damit die „Luft rein bleibt", also ohne psychologischen Nebel, muss die Beziehungsebene ungestört, harmonisch sein. Dann wird auch die Inhaltsebene ohne Störung bleiben (vgl. Birkenbihl 1985).

Wenn man eine harmonische Beziehungsebene der Gesprächspartnerinnen anstrebt, ist es also von größtem Interesse zu erfahren, auf welche Signale das Reptilienhirn anspricht.

Übrigens, wenn Sie Interesse haben, das unausweichliche „Zuschlagen des Reptilienhirns" im Spiel lustvoll zu erproben, seien sie auf das „NamensMonsterSpiel" verwiesen (Bartussek 1998, Kap. I/1.1., S. 15).

In unserem Alltag geht es allerdings darum, bereits die ersten und kleinsten Anzeichen des Auftretens von psychologischem Nebel zu bemerken, um den auslösenden Faktoren auf die Spur zu kommen. Wiederum kann uns unser Fahrtenschreiber Auskunft darüber geben: Zucken einer Augenbraue, Anhalten des Atems, Hüsteln, Wippen des Fußes oder andere sogenannte „Übersprungshandlungen" können auf die ersten zarten „Wölkchen" hinweisen.

Wichtig dabei ist zu wissen, dass nicht nur unser nonverbales Verhalten, sondern auch die Prägung unseres Gegenübers maßgeblich ist für diverse „Nebelfetzen".

Angenommen, meine Gesprächspartnerin hatte in ihrer Kindheit eine ganz schlechte Beziehung zu ihrem Vater, so kann sie vielleicht mein Hemdkragen, der sie an ihren Vater erinnert, bereits in psychologischen Nebel hüllen. Der ganze Gesprächstermin wird wie „unter einem schlechten Stern stehend" empfunden.

Entdecken Sie solche Mechanismen in Ihren privaten Beziehungen, so können Sie aneinander wertvolle Hinweise geben für Ihre gemeinsame Persönlichkeitsarbeit.

Doch nun wollen wir üben, das Auftauchen psychologischen Nebels bei uns selbst zu beobachten und zu erforschen, worauf wir empfindlich reagieren. Im Vergleich zum erwähnten „NamensMonsterSpiel" wollen wir jedoch weit weniger spektakuläre Signale verwenden.

1.1.1. Übung: Nebel durch Nähe

Erinnern Sie sich an Ihre Erfahrungen in den Übungen des Kapitels I/1.3. (S. 20) „Treten Sie mir nicht zu nahe". Dabei ging es lediglich darum, den Abstand, der für Sie stimmig war, zu erspüren.
Diesmal wählen wir eine ähnliche Übungsanordnung, wobei Sie nun schon über ein bedeutend feineres Sensorium und über Ihren Fahrtenschreiber verfügen. Sie stehen Ihrer Partnerin gegenüber, etwa 3m entfernt, halten Blickkontakt, während Ihre Partnerin nun, möglicherweise bis auf Tuchfühlung, auf Sie zukommt. Beobachten Sie sich selbst, welche Reaktionen oder Ansätze zu Reaktionen, welche feinsten Impulse von Bewegungen, Gefühlen und Gedanken in Ihnen auftauchen. Sie haben die Möglichkeit, STOPP zu sagen, falls Sie das Gefühl bekommen, es wird Ihnen zu eng (Enge -> Angst!). Registrieren Sie all die Vorgänge und Veränderungen in Ihrem Inneren, die Bewegungen Ihrer Zehen, Finger, Gesichtsmuskulatur und Ihren Atem, Ihren Pulsschlag. Ab wann taucht bei Ihnen Nebel auf?

1.1.2. Übung: Nebel durch Ausatmen

Ihre Partnerin kommt ein zweites Mal auf Sie zu, wobei sie vor dem Losgehen tief Luft holt, um mit einem langen, deutlichen Ausatem-Zug bis zu Ihnen zu gelangen. Nehmen Sie den Unterschied im Ausdruck und in Ihren Reaktionen wahr. Welche Gedanken und Gefühle werden ausgelöst? Wodurch wird Ihr Nebel spürbar? Was verbinden Sie mit dem Ausdruck des Ausatmens?

1.1.3. Übung: Nebel durch Einatmen

Ihre Partnerin kommt mit einem langen, deutlichen Einatem-Zug auf Sie zu. Beobachten Sie die abermalige Veränderung der Gesamtsituation.
Wechseln Sie danach die Rollen, bevor Sie sich über Ihre Erfahrungen und die Beobachtungen Ihrer Partnerin austauschen. Beschreiben Sie Ihre persönliche Wahrnehmung des psychologischen Nebels.

1.2. Die andern abholen, wo sie sind und die Spannungs-Skala

Unser Reptilienhirn bewirkt auch, je nach Reaktionsmechanismus, Veränderungen unseres Spannungszustands im Körper. So lässt sich für die Arbeit auf der Bühne eine Skala von 0 – 7 vorstellen, wobei wir bei Spannungszustand 0 in Ohnmacht fallen und bei 7 entweder tobend unsere Wohnung krumm und klein schlagen oder in höchster Anspannung, am ganzen Körper bebend, zu gar keiner Bewegung mehr fähig sind.
Unsere „Normalspannung“ variiert je nach persönlichem und nationalem Temperament und liegt etwa bei 3, zumindest in Österreich. In Deutschland werden wir eher 4er-Typen finden, während wir mit Menschen aus den USA vielfach den Zustand Nr. 2 verbinden.
In der nebenstehenden Skizze 14 sind einige Begriffe zusammengefasst, die wir mit entsprechenden Körperspannungen verbinden können. Das Reptilienhirn unterscheidet nicht zwischen positiven und negativen Reizen. So finden wir also ähnliches Verhalten, egal ob wir in Freude oder Angst kommen. Leider sind uns die negativen Erfahrungen geläufiger als die positiven.
Die oft erheiternde Wirkung zweier Menschen auf unterschiedlichem Spannungsniveau durfte ich in der Arbeit meines Clown-Lehrers Pierre Byland mit dieser Skala kennenlernen.
Wollen wir in Theatersituationen Konflikte provozieren (vgl. II/3.2., S. 105), so können wir dies u.a. indem wir zwei Personen unterschiedlichen Spannungszustandes einander begegnen lassen: eine Person lässig, locker, wird schwerlich mit einer hektischen, gestressten in Einklang kommen – es sei denn, eine der beiden wechselt auf der Spannungsskala zum Zustand der anderen. Dies ist eine mögliche Art, die andere *dort „abzuholen“, wo sie gerade ist.*
Danach kann versucht werden, gemeinsam in den „Normalzustand“ zurückzukehren. Dazu gilt es allerdings, die eigenen Gedanken und Gefühle soweit zu kontrollieren, dass wir zumindest eine E-skala-tion des Konflikts verhindern können. Dies liegt in unserem Einflussbereich und ist unsere Mitverantwortung.
Beispiel: Das wegen eines kaputt gegangenen Spielzeugs erregte Kind (erhöhte Körperspannung!) wird sich leichter beruhigen lassen, wenn

Körperspannungsskala

negativ	*minimale Muskelspannung*	positiv
Ohnmache durch Schreck, Angst	0	Ohnmacht durch Freude, Glück
Erschöpfung Betrunkenheit	1	Erholung Freudentaumel
Gleichgültigkeit Unbekümmertheit	2	Lockerheit Gelassenheit
Unachtsamkeit Zerstreitheit	3	Wachsamkeit Präsenz
Beunruhigung Mißtrauen	4	Erwartung Hoffnung
Irritation Verdacht	5	Gespanntheit Neugier
Stress Hektik	6	Erregung, freu-dige Aufregung
Hysterie Panik	7	Jubel, fanatische Begeisterung
	maximale Muskelspannung	

Um das Aneinanderprallen unterschiedlicher Spannungszustände zu vermeiden hilft es, den anderen „dort abzuholen", wo er gerade ist.

Skizze 14

es von der Mutter mit entsprechender Aufmerksamkeit (erhöhte Körperspannung!) angehört wird, als wenn sie lediglich locker bemerkt (geringe Körperspannung), dass es ohnedies Zeit wäre ins Bett zu gehen. Ebenso ist eine laute Schimpfkanonade des Vaters wegen des kaputten Spielzeugs (Spannung höher als die des Kindes) wenig dazu geeignet, die Familie auf raschem Wege wieder in ihren normalen Spannungszustand zu bringen.

Nicht nur für Bühnenzwecke ist es hilfreich sich auf der Skala bewusst auf und ab bewegen zu können. Dies lässt sich üben!

1.2.1. Übung: Von Ohnmacht zur Panik

Sie bewegen sich alle in Ihrem normalen Spannungszustand durch den Raum. Finden Sie auch verbal oder mit Tönen einen Ausdruck für Ihr Befinden. Sie dürfen Ihre Kolleginnen ruhig ansprechen. Nun finden Sie für sich irgendeinen Grund in Angst oder Ärger zu kommen und steigern sich entsprechend der Zahlen 3–7, die Ihnen zugerufen werden, in den jeweiligen Zustand.

Achtung! Ihre externe Beobachterin hat dafür zu sorgen, dass Sie dabei weder sich selbst noch anderen, noch den Einrichtungsgegenständen Schaden zufügen. Sie selbst sind dafür verantwortlich.

(**Anmerkung** für die Gruppenleiterin: Vereinbaren Sie ein unmissverständliches Signal, z.B. einen Gong, um die Übung zu leiten, da Ihre Stimme möglicherweise übertönt wird.)

Kommen Sie zurück zu 3 und lassen Sie sich durch Ihre Angst, Ihren Ärger in die Schwäche treiben, bis zur Ohnmacht (1) und zurück zu 3.

Wie immer ist es wichtig, dass Sie auch bei dieser Übung Ihr Bewusstsein, Ihre Wahrnehmung erweitern und Mechanismen durchschauen lernen.

1.2.2. Übung: Von der Ohnmacht zur Begeisterung

Sie ahnen bereits, was jetzt auf Sie zukommt: dasselbe wie in voriger Übung, doch diesmal gehen Sie in Freude oder Glücksgefühle. Finden Sie dafür möglichst konkrete Bilder aus Ihrer Erfahrung und erklettern Sie die Skala bis zur fanatischen Begeisterung, um danach vor Glückseligkeit Ihre Sinne und Muskelkraft schwinden zu sehen. Doch kommen Sie, bitte, wieder zurück zu 3!

Was ist Ihnen leichter gefallen, die negative oder die positive Seite zu durchleben? Mit Hilfe welcher Gedanken und Bilder sind Sie imstande, sich selbst zu leiten? Wie klar oder "vernebelt" sind Sie, wenn Sie sich in extreme Lagen versetzen? Können Sie stets Kontakt zu Ihrem Fahrtenschreiber halten?

1.2.3. Übung: Konflikt und Konsens

Finden Sie in 2er- oder 3er-Gruppen eine spielbare Situation aus ihrem Alltag, in der erlebbar wird, wie es durch unterschiedliche Spannungszustände zwischen den Beteiligten zu einem Konflikt kommen kann. Zeigen Sie aber auch mindestens eine Variante, wie Sie durch „Abholen" Ihrer Streitpartnerin eine Beruhigung, eine Normalisierung der prekären Lage herbeiführen können. Mehrfach-Lösungen sind erwünscht.

Achtung! Denken Sie daran, sich zu sammeln und zu erden, Ihre Mitte wiederzufinden, wenn Sie außer sich geraten sind. Sie sind für Ihren Energiehaushalt selbst verantwortlich!

1.3. Der „Dreistufen-Prozess" und die 3 Kontrollfragen

Sie erinnern sich an die Mechanismen, wie Vorurteile entstehen und aufgrund unserer Erwartungshaltungen immer wieder Bestätigung finden. Wollen wir verantwortlich miteinander umgehen, müssen wir jene Gedanken, Gefühle, Wertmaßstäbe und andere Faktoren überprüfen, die uns zu unserem ständigen Be- und Ver-Urteilen führen. Es läuft unbewusst und blitzschnell ein 3-stufiger Prozess ab. Ja, Sie haben richtig gelesen, ein „Prozess", der in einem „Urteil" endet, wie bei Gericht!

Im Wort ur-teilen liegt auch die Bedeutung, etwas Ganzes zu teilen. Damit gibt es Teile und neuerlich Konflikt, statt anzustreben ALL EINS zu sein (vgl. Egli 1998, S. 134).

Statt zu Urteilen zu kommen geht es viel mehr darum, Klarheit über unser eigenes Handeln zu bekommen. Sie müssen ja tagtäglich Hunderte von Entscheidungen fällen und immer wieder auf neue Gegebenheiten, vor allem in Begegnungen mit Menschen, reagieren! Doch, wie reagieren? Unbewusst läuft folgendes ab:

Sichtbares Verhalten eines Mitmenschen	→	Blitzschnelle unbewusste Verarbeitung der Signale (Vor-)Urteil	→	Meine sichtbare Reaktion

Dies verhilft uns, sofort zu handeln und kann uns sogar das Leben retten. Doch manches Mal gibt es die bekannten Fehleinschätzungen und Mißverständnisse (vgl. II/3.2., S. 105), die alles andere als hilfreich sein können.

Sehen wir uns also die drei Stufen des unbewußten Verarbeitungsvorganges und verschiedene Beeinflussungen anhand der folgenden Skizze 15 an:

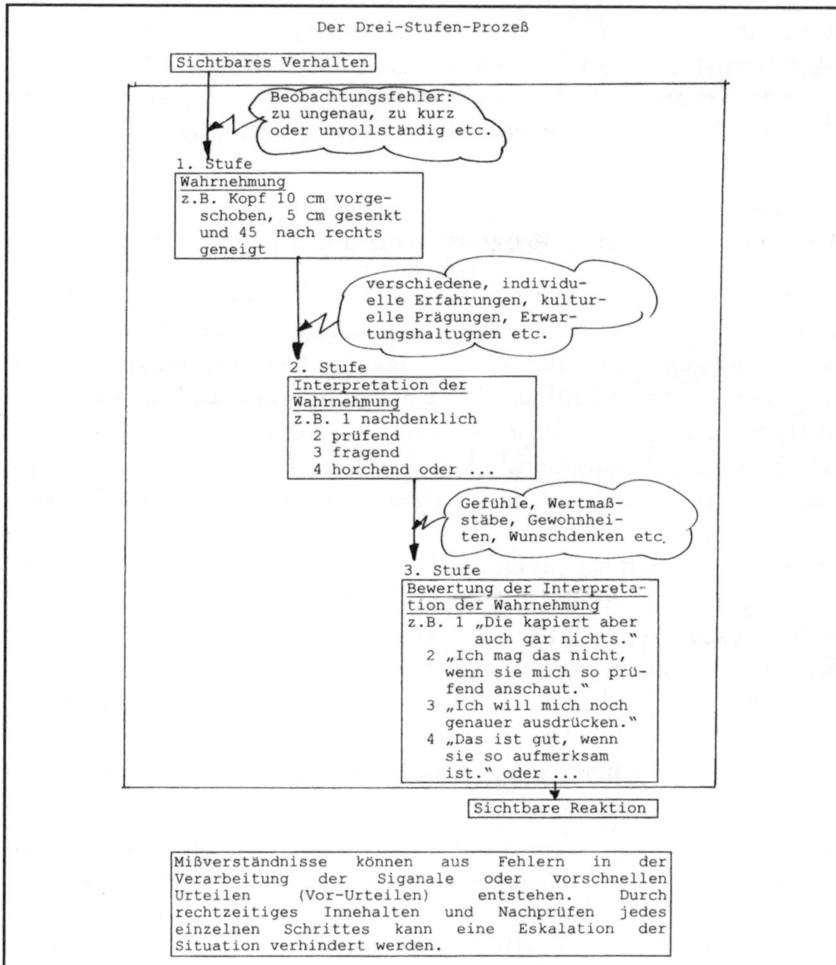

Skizze 15

Sie erkennen, wie vielfältig Einflüsse und Fehlerquellen auf das Endergebnis, nämlich unsere sichtbare Reaktion, einwirken können. Spätestens wenn Sie merken, dass Sie „falsch" liegen, Ihre Partnerin Zeichen psychologischen Nebels von sich gibt oder es gleich zum Konflikt kommt, ist es wichtig, Ihre Wahrnehmungen, Gefühle und Gedanken noch einmal zu kontrollieren. Ihr Fahrtenschreiber kann Ihnen dabei zweckdienliche Auskünfte liefern, oder sie fragen nach!

Verantwortungsvoll mit all dem körpersprachlichen Know-how umzugehen, heißt im Zweifelsfalle *nachzufragen!*

Sie können dies auf drei verschiedene Arten tun, die Sie je nach Situation und Gesprächspartnerin auswählen (vgl. Birkenbihl 1985):

- *Direkte Fragen:*
  Je genauer Sie es wissen wollen, desto direkter müssen Sie fragen – Vorteil: punktgenaue Antwort, größtmögliche Klarheit; Nachteil: Partnerin muss geschult bzw. gewohnt sein, mit Ihnen auf die Beobachtungsebene zu gehen und über sich selbst zu reflektieren, Situation kann als unangenehm oder peinlich empfunden werden.
  Beispiel: „Ich habe wahrgenommen, wie Du beim Wort ‚einkaufen' deine Sitzposition geändert, mit dem Fuß zu wippen begonnen, dein Körpergewicht nach vorne geschoben hast. – Dauert dir das Gespräch schon zu lange oder bist du begierig, das Einkaufen zu übernehmen?"
- *Indirekte Frage:*
  Sobald Sie ein markantes Signal Ihres Gegenübers registrieren, können Sie sich indirekt orientieren, allgemein erfragen wie weit Ihre Beobachtungen und Interpretationen stimmig sind – Vorteil: allgemeine Lagebeschreibung, größere Freiheit des Gegenübers, worüber und wie reflektiert werden soll; Nachteil: Auch ausweichende Antworten sind möglich, eigene Wahrnehmungen bleiben vielleicht ohne Erläuterung.
  Beispiel: „Was sagst du dazu?", „Wie geht's dir damit?", „Wie ist das für dich im Moment?"
- *Aktives Schweigen:*
  Sie setzen aktiv ein Signal (mit der impliziten Bitte um Kommentar), ohne dass Sie eine Frage aussprechen – sie unterbrechen Ihren

eigenen Redefluss und schweigen – Vorteil: das Schweigen kann als Aufforderung sich zu äußern aufgegriffen werden, muss aber nicht, größtmögliche Freiheit für die Partnerin; Nachteil: Risiko, keinerlei Aufklärung über die momentane Befindlichkeit Ihrer Partnerin zu bekommen.

Beispiel: „... Das also wäre meine Idee! – (wie nach einer Nachdenkpause) – Vielleicht könnte aber auch ..."

In jedem Fall müssen Sie aber sich selbst und Ihre Partnerin weiterhin genauestens wahrnehmen. Mögliche unliebsame Entwicklungen mögen auf diese Weise schon in ihren Ansätzen erkannt werden. Nur so können Sie rechtzeitig durch Ihr Beobachten, Fragen und entsprechendes Verhalten mit Achtsamkeit und Verantwortung für eine förderliche, harmonisierende Atmosphäre sorgen. Sie sparen viel Energie und Zeit, die Sie sonst zur Konfliktbewältigung brauchen würden.

Wiederum gilt es die Gleichzeitigkeit des Wahrnehmens, des Handelns, des Sprechens und des Denkens zu üben. Die gewünschte Kontrolle der Gedanken heißt nicht, Gedanken zu unterdrücken! Es heißt zu überprüfen, welche Gedanken in Ihnen wirken bzw. durch Sie wirksam werden. Es heißt somit auch, zu beginnen Ihre Gedanken verantwortungsbewusst zu lenken oder zu ändern, zu verwandeln, zu transformieren.

1.3.1. Übung: Dreistufiges Feedback

Ich lade Sie herzlich ein zu einem Rückmeldungsritual. Geben Sie sich zu zweit gegenseitige Feedbacks über alles, was Sie von und an einander wahrnehmen. Folgen Sie dabei genau den drei Stufen Ihrer Meinungsbildung. Beginnen Sie *jedesmal* Ihren Satz mit

- „*Ich* nehme an Dir wahr ..."
- „*Ich* interpretiere dies folgendermaßen ..."
- „*Ich* verbinde damit ..." oder „Für *mich* bedeutet dies ..."

Sie können dabei von Ihrer momentanen Seminarsituation ausgehen, so wie Sie gerade einander gegenüber sitzen. Gehen Sie alle körpersprachlichen bzw. nonverbalen Signale durch, die Sie sich bis jetzt gemerkt haben. Helfen Sie sich gegenseitig, Ihr Blickfeld kontinuierlich zu erweitern! Ge-

hen Sie verantwortungsbewusst mit Ihren Rückmeldungen um.
Bedanken Sie sich bei Ihrer Partnerin für das erhaltene Feedback, ohne es in irgendeiner Weise zu kommentieren, sich zu entschuldigen oder zu rechtfertigen. Nehmen Sie einfach zur Kenntnis, wie Ihre Partnerin sie nun einmal wahrnimmt und was deren Wahrnehmung in ihr selbst auslöst! Dies hängt nämlich mit deren eigener Geschichte, mit all den Informationen in deren Körper-Energie-System zusammen!
Sofern Ihnen das bewusste Formulieren von Ich-Botschaften noch nicht geläufig ist, empfehle ich Ihnen dringend, Ihren Fahrtenschreiber dahingehend zu programmieren, sie auf alle Ihre Sätze mit „Du bist ...", „Sie sind ..." etc. aufmerksam zu machen. Stellen Sie um auf *„Ich bin"* – im weitesten Sinne (vgl. Gordon 1991).

1.3.2. Übung: Kann ich Tadel spenden?

Möglicherweise sind Sie im Moment sehr verunsichert, da Altgewohntes über Bord zu werfen schwierig ist und neue Verhaltensweisen noch geübt werden müssen. Wenn Sie dazu bereit sind, können Sie gleich weiterüben und in folgender Spielsituation weitere Erkenntnisse sammeln.
Stellen Sie sich bitte in zwei Reihen (A und B) einander gegenüber auf. Die eine Seite (A) beginnt mit dem Tadeln. Jeweils zwei einander Gegenüberstehende treffen sich in der Mitte und spielen spontan eine Situation aus dem Alltag (bzw. Berufsleben), in der Person A die Person B zurechtweist. Alle – auch Sie selbst – beobachten, was üblicherweise in solch einem kurzen Gespräch abläuft. Wie steht es mit Urteilen und Ich-Botschaften? Welche „Reiz-Worte" oder „Reiz-Bewegungen" lassen offensichtlich psychologischen Nebel entstehen? Welche Reaktionen sind die Folge? Wieviele dieser beobachtbaren Handlungen sind den Betroffenen überhaupt bewusst? Vergessen Sie nicht auf Füße, Haltung, Gewichtsverlagerung, Abstandsänderungen, Atem, Übersprungshandlungen etc. zu achten! Erproben Sie Vorgehensweisen, die Ihre Kritik annehmbar und aufbauend machen.

Überprüfen Sie dabei, wie ihre „gutgemeinten" Worte wirklich ankommen.
Merken Sie sich auch Ihre Empfindungen beim Kritisieren sowie im zweiten Durchgang beim Kritisiert-Werden.

1.3.3. Übung: Kann ich Anerkennung annehmen?

Für diese Übung gehen Sie genauso vor wie in der vorangegangenen. Wählen Sie statt der Kritik ein Lob, das sich auf eine konkrete Alltagssituation bezieht.
Wann wird Anerkennung als echt empfunden? Taucht irgendwo psychologischer Nebel auf? Was ist zu tun, um Peinlichkeit zu vermeiden? Gibt es Situationen, in denen eine der drei „Kontrollfragen" angebracht wäre? Überprüfen Sie, wie Ihre „wohlwollenden" Worte wirklich ankommen.
Fällt es Ihnen leichter mit Kritik oder mit Lob umzugehen? Woran könnte es liegen, dass es oft schwieriger ist Lob anzunehmen als Kritik?

Lernen Sie (mittels Ihres Fahrtenschreibers) nicht nur auf Ihre Gefühle, sondern auch auf Ihre Gedanken zu achten, die durch Lob oder Kritik ausgelöst werden, denn auch sie sind über Ihren Körperausdruck wirksam. Gerade über Ihre Gedanken und deren Kraft können Sie sich in jede gewünschte Richtung hin verändern (vgl. Tepperwein 2000).

2. Leben als Theaterstück – Wirkung der Gedanken

Erlauben Sie mir ein faszinierendes Gedanken-Spiel: Ihr ganzes Leben ist ein Theaterstück und Sie sind die Hauptdarstellerin in Ihrem Theaterstück. Inhalt des Stückes ist, wie Sie sich selbst und Ihr Lebensziel erkennen, um mit immer klarer werdender Ausrichtung und Bewusstheit darauf zuzusteuern. Sie haben viele Abenteuer zu bestehen und sollten aus jedem einzelnen mindestens eine Erkenntnis für sich gewinnen. Manche Akte mögen in groben Zügen fixiert erscheinen, manche erlauben es Ihnen, Ihre Szenen frei zu schaffen, kreativ zu gestalten, schöpferisch zu improvisieren. In Ihrem Stück gibt es selbstverständlich weitere Hauptdarstellerinnen und unzählige Nebenrollen. Jede davon hat eine Bedeutung, sonst würde sie erst gar nicht vorkommen! *Jede persönliche Begegnung* mit einem anderen Menschen ist Teil Ihres Stückes, genauso wie auch Statistinnen und Komparsinnen notwendig sind für diese Inszenierung.

So weit, so gut. Nun aber folgender weiterführender Gedanke: Gleichzeitig spielt jede Person, die in Ihrem Stück vorkommt, ihre eigene Hauptrolle in ihrem eigenen Stück. Sie hingegen sind wiederum gleichzeitig bei ihr für eine *ihrer* Nebenrollen verantwortlich: Und das bei jeder *Ihrer* Mitdarstellerinnen und manchmal auch bei Ihren Statistinnen!

Angenommen, Sie haben in Ihrem Leben 1000 Begegnungen, also 1000 Mitspielerinnen, so spielen Sie auch in 1000 anderen Theaterstücken mit, während Sie in Ihrem eigenen voll und ganz die Hauptrolle verkörpern.

Weiters sei angenommen, dass es eine weise, universelle Instanz gibt, die dabei simultan Regie führt, wobei es keinen Augenblick Leerlauf gibt, keinen einzigen sinnlosen Auftritt. Das ganze, weltumspannende Theaterspektakel wäre sonst in sich sinnlos, vergeudete Zeit und Energie!

„Bewusst sein im Körper" bedeutet also auch, sich über den Sinn Ihrer Verkörperung klar zu werden, über den Sinn jedes Aktes, jeder Szene, jeder Episode, jeder Situation, jedes Moments, hier und jetzt! Das geht aber nur, wenn Sie Zugriff bekommen auf die versteckten 6/7 Ihres Eisberges, auf den unbewussten Anteil Ihres Informationspools, der in Ihrem Körper-Energie-System gespeichert ist. Dafür gibt es viele Möglichkeiten: von meist Jahre dauernden aufwendigen Therapien bis hin zum selbständigen Erforschen der scheinbar zufälligen Hinweise in den Szenen Ihres Theaterstücks.

2.1. Der All-Tag als Spiegel unserer selbst oder „being an actor"

Im Rahmen dieses oben erwähnten, in seinen Dimensionen kaum vorstellbaren, universellen Theaterereignisses bekommt unser All-Tag natürlich eine gänzlich neue Bedeutung; unser Tag im All, im Allumfassenden Spiel. Wie immer wir unsere Rolle ver-körpern, wir unsere Wirklichkeit kreieren, wir in unserem Akt (engl. act) agieren (engl. to act, heißt aber auch schauspielen) als Hauptdarsteller (engl. actor) – das All, alle und alles re-agieren nach dem Prinzip Aktion–Re-Aktion, Ursache und Wirkung, action and re-action (vgl. Egli 1998).

Da es in Ihrem Theaterstück nichts Belangloses gibt, hat alles, was „auftritt“ mit Ihnen zu tun, es spiegelt gewissermaßen Sie selbst. Sie müssen lediglich diesen *Spiegel* erkennen und lesen lernen.

Mit anderen Worten, das was Sie als Re-Aktion auf eine Ihrer Aktionen erreicht, Ihnen auf diese Weise zu-fällt, gibt Ihnen Aufschluss über Sie selbst als gesamtes Körper-Energie-System. Da Ihnen 6/7 davon unbewusst sind, sind Ihnen ebenso viele „Sachen“, die in Ihnen ihren „Ur-Sprung“ haben, also die „Ur-Sachen“ unbewusst. Sie sind so ahnungslos, daß Sie über Ihre selbstverursachten Wirkungen absolut überrascht sind und sagen: „So ein Zu-Fall!“

Damit Sie sich all die Informationen, die in diesen Zu-Fällen über Sie selbst enthalten sind, zunutze machen können, ist es nötig aus jeder Situation, in die Sie involviert sind, jeweils auch in die Beobachtungs- oder Meta-Ebene steigen zu können. Wiederum kontaktieren Sie Ihren Fahrtenschreiber, müssen aber vielleicht diesmal sehr weit „zurückspulen“, bis Sie die ganze Kette von Ur-Sachen abgespult haben. Es gibt Spuren auf diesem Ihrem Mehr-Spur-Daten-Recorder, die bis in Ihre Kindheit und darüber hinaus führen. Wenn Sie einmal begonnen haben, diese Spuren zu verfolgen, erschließt sich für Sie ein überwältigendes Feld von Erkenntnismöglichkeiten über sich selbst und Ihr x-faches Streben nach einem Happy-End für Ihre Theaterstück-Fortsetzungsserie.

Falls Sie sich mit der Idee der Fortsetzungsserie (mehrfache Erdenleben) noch nicht anfreunden konnten, bleiben Sie einfach bei der Annahme, dass unsere regieführende, weise universelle Instanz (wie immer Sie sie nennen wollen) nichts Sinnloses zulässt. Schauen Sie sich aber all die Theaterstücke, die um Sie herum ablaufen, in denen Sie mitspielen, einmal an. Welch klägliche Dramaturgie, welch frustrierende Schlüsse ergäbe diese Betrachtung, würde man sie nicht als Teil einer ganzen Serie erkennen!

Doch zurück zu Ihrem Alltag, hier und jetzt: In den folgenden Übungen dürfen Sie einsteigen in das faszinierende Spiel der Entschlüsselung von Zufällen und Spiegelbildern. Dabei sei das Prinzip der Spiegelungen kurz zusammengefasst:

> Alles, was Sie bei anderen Menschen bewegt, sei es angenehm oder unangenehm, haben Sie als Anteil auch in sich!

2.1.1. Übung: Ur-Sachen und Zu-Fall

Dies ist ein Spiel, in dem wir uns erkennen können. Wenn wir es als neu zusammengekommene Gruppe spielen, ist es eine wunderbare Art, nicht nur uns selbst, sondern auch die anderen gleich in einer tiefgreifenden Weise kennenzulernen. Es hat mit Sachen, also Dingen, Gegenständen zu tun.

Finden Sie bitte für jeden Buchstaben Ihres Vornamens einen Gegenstand, der mit dem gleichen Buchstaben beginnt – möglichst aus Ihrem eigenen Besitz und nicht zu groß! Legen Sie diese Gegenstände entsprechend Ihrem Namen vor Ihren Sitzplatz auf den Boden. Nehmen Sie sich und die anderen mit den Objekten wahr. Nun stellen Sie sich eine nach der anderen mit Ihren Objekten vor. Sie erzählen, was Sie mit jedem einzelnen Stück verbinden, was es für Sie bedeutet, wo Sie es gefunden bzw. warum Sie es gerade bei sich haben.

Warum liegen diese Dinge jetzt „zufällig" genau so vor Ihnen? Was hat das alles mit Ihnen zu tun? Wie verändert sich Ihre Haltung, Ihre Stimme, wenn Sie darüber sprechen? Welche Abstände, welche Ordnung, welche Vorlieben sind erkennbar? Welches Territorium beanspruchen Sie gerade für sich? (vgl. II/2.3.2., S. 100) Keine Ausreden, bitte! Es gibt keinen Zufall!

Wenn Sie alles präsentiert haben, können die anderen Gruppenmitglieder ihre Beobachtungen rückmelden, wobei dies möglichst entsprechend der Feedback-Regeln von III/1.3.1., S. 126 erfolgen sollte. Dabei ist weiterhin interessant, wer welches Feedback gibt, denn das hat wiederum mit der betreffenden Person zu tun! Sie sehen, wenn man sich darauf einlässt, könnte man wie bei mehreren Spiegeln deren Reflexionen sich ins unendliche fortsetzen, unendlich über die am Boden „vorliegenden Ur-Sachen" und die Reflexion darüber reflektieren.

2.1.2. Übung: „Mensch, ärgere mich nicht!"

Diesmal bitte ich Sie, sich mit Papier und Bleistift ein wenig zurückzuziehen und jene letzten drei Begebenheiten zu notieren, bei denen Sie sich über irgendjemanden geärgert haben. Dann sinnen Sie über den Spiegel nach, der Ihnen vorgehalten wurde. Das Prinzip dahinter lautet wie erwähnt:

Das was mich an andern stört, ist auch ein Teil von mir. Wenn ich mich über andere ärgere, ärgere ich mich über diesen Teil in mir.

Wichtig ist zu wissen, dass sich die Spiegelung nicht immer genau auf die selbe Ebene bezieht! Stört Sie z.B. an anderen deren Intoleranz Kindern gegenüber, können Sie dennoch die geduldigste, toleranteste Mutter Ihrer Kinder sein. Aber vielleicht sind Sie intolerant gegenüber Arbeitskolleginnen, Autofahrerinnen etc. oder bestimmten Denkweisen und Gefühlen gegenüber!

Falls Ihnen jetzt dazu nichts einfallen sollte, markieren Sie Ihren Fahrtenschreiber. Er wird Sie daran erinnern, sobald Sie das nächste Mal in irgendeiner Situation intolerant handeln *oder* denken! Bleiben Sie überhaupt bewusst, wann Sie sich das nächste Mal ärgern und danken Sie Ihrer Mitspielerin, und sei es eine noch so kleine Nebenrolle, dass Sie Ihnen „eine solche Szene gemacht hat".

2.1.3. Übung: „Ich bewundere an Dir ..."

Wiederum brauchen Sie Papier und Bleistift, diesmal aber auch eine Partnerin. Schreiben Sie beide jeweils sieben positive Eigenschaften auf, die Sie an Ihrer Partnerin bewundern. Sie können diese anschließend einander vorlesen, jeweils mit einem ganzen Satz: „Ich bewundere an Dir ..." Wenn Sie die Zuhörende sind, bleiben Sie bei sich, spüren Sie sich und atmen bewusst. Beobachten Sie Ihre Gedanken, die da sagen wollen: „Ja, aber ..."

Wieviel können sie nehmen? Ab wann taucht psychologischer Nebel auf, verlieren Sie an Energie oder Präsenz? Oder können Sie gar nicht genug kriegen und erblühen förmlich unter so viel Anerkennung? Wohin geht dabei Ihr Energiefeld?
Der wichtigste Teil der Übung kommt erst! Sie konnten diese positiven Eigenschaften Ihrer Partnerin nur deshalb überhaupt wahrnehmen, weil Sie dafür Resonanz verspüren, also selbst diese Qualitäten besitzen! Auch auf dieses Prinzip habe ich schon hingewiesen (vgl. I/1.1., S. 15). Es kann nur etwas gespiegelt werden, was schon da ist. Verinnerlichen Sie diese Erkenntnis und beobachten Sie, was sich in Ihnen dabei verändert.
Schulen Sie Ihre Gedanken dahingehend, dass sie sich selbst gedanklich *auf*bauen können statt *runter*zumachen. Entlassen auch Sie alle „Ja, aber ..." und ersetzen Sie diese durch „Ja, so ist es!"
Zum Abschluss setzen Sie sich alle im Kreis zusammen und eine nach der anderen spricht siebenmal laut aus: „Ich bewundere an mir selbst ..." und fügt jeweils eine der zurückgemeldeten Eigenschaften an. Wenn Sie wollen, kann jede Aussage durch ein bekräftigendes, gemeinsames „Hou!" der Gruppe unterstützt und bestätigt werden.

2.2. Theater–Ritus–AllTag oder Ändern kann ich mich nur selbst

Sobald wir zur Erkenntnis gelangen, wie unser Theaterstück gerade läuft, welch Wirklichkeiten wir dabei für uns kreieren und wie viele unbewusste Mechanismen uns immer wieder daran hindern, glücklich liebende Hauptdarstellerinnen zu sein, taucht natürlich die Frage auf: Was ist zu tun, um unser Leben wahrhaftig zu verändern? Wir haben „ja" gesagt dazu, bewusst in unserem Körper zu sein und zu bleiben. Wir haben begonnen den Eisberg unbewusster Informationen, Prägungen und Verhaltensmuster zu heben. Dabei entdecken wir aber *zunächst* meist nur Unerfreuliches ... Unerfreuliches in unserem Inneren, Schwierigkeiten im Aussen. Wäre es nicht einfacher ge-

wesen, unser Leben weiterhin in dumpfer Unbewusstheit weiterzuführen?
Das ist Ihre Entscheidung. Es gibt kein „falsch" oder „richtig", sondern nur verschiedene Konsequenzen (vgl. Smothermon 1986). So viel ist klar: Das „alte Leben" kennen Sie schon, wie das „neue" aussehen könnte, können Sie nur erfahren, indem Sie der Handlung Ihres Theaterstückes eine Wendung geben. Also handeln Sie! Please, act! (vgl. Foundation for InnerPeace 1994). Wollen Sie eine Wendung, müssen Sie Ihr Wissen über die Zusammenhänge an-wenden, müssen Sie mit Ihren Energien und geistigen Kräften gezielt umgehen. Sie müssen beginnen, nicht nur Ihr Bewusstsein zu erweitern, sondern auch Ihre Energien zu verfeinern und anzuheben (vgl. I/3., S. 20), und zwar am besten sofort, hier und jetzt.
Somit haben Sie mit zwei Menschengruppen etwas gemeinsam: Schauspielerinnen und Schamaninnen. Auch diese beiden bemühen sich darum und üben, im „aktuellen Moment" im Hier und Jetzt, Körper und Geist auf höchstmögliches Energie-Niveau zu bringen und im aktuellen Geschehen dort halten zu können. Die Anwendung schamanischer Techniken für das Training von Schauspielerinnen wird seit Jahren von Nicolas Nunez erprobt (1996). Von ihm stammt auch folgendes Schema (Skizze 16):

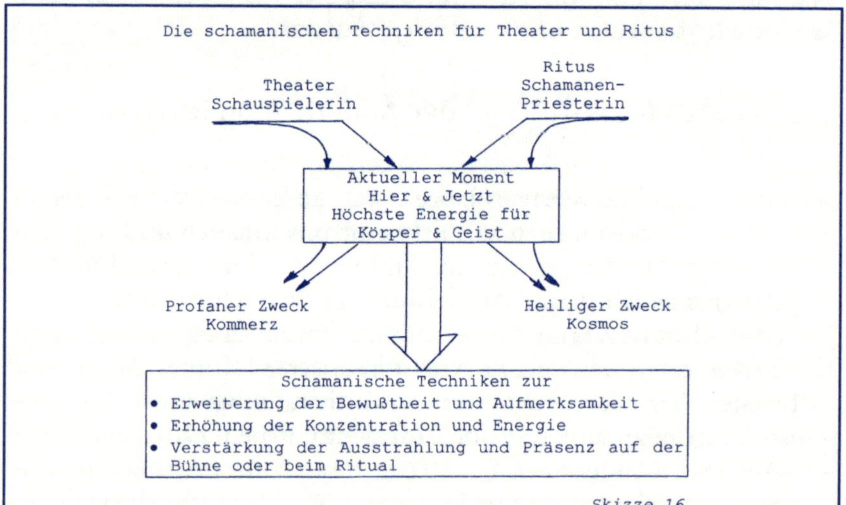

Skizze 16

Was Schamaninnen und Schauspielerinnen recht ist, sollte uns billig sein. Geht es doch letzlich genau darum, in unserem All-Tag „Kommerz“ und „Kosmos“ so zu verbinden, dass wir immer unser gesamtes Streben mit den kosmischen Gesetzen in Einklang bringen. Negieren wir den „Kosmos“, bekommen wir garantiert die Folgen früher oder später in unserem Welttheater zu spüren (action and re-action!). Also auch Sie ganz persönlich, mit Ihrem individuellen Entwicklungsweg, sind den kosmischen energetischen Gesetzen, den Regeln der Inszenierung, unterworfen.
Durch eine entsprechende Geistes-Haltung, gedankliche Schulung und Ausrichtung können Sie sich diese Gesetze zunutze machen. Doch diesen Schritt können nur Sie selbst tun.
In den folgenden drei Übungen haben Sie Gelegenheit zu erfahren, wie Sie sich der schauspielerisch-schamanischen Forderung nach höchster Energie im „aktuellen Moment“ annähern können. Erüben Sie die Umsetzung der drei Regeln bei der Energie-Aufladung durch Bewegung:

- Kontinuität der Bewegung
- Rhythmus-Wechsel
- Bewusstes Sein im Hier und Jetzt

Vielleicht gehen Sie anschließend in eine Geschäftsverhandlung oder in die Familie, nach Hause. Egal, achten Sie auf Ihren Zuwachs an Präsenz und Energie.

2.2.1. Übung: Innere und äußere Präsenz

Hierbei geht es darum, zwei extreme Aspekte Ihres Energiefeldes bewusst zu erleben und sich vor Augen zu führen.

- Eine Hälfte der Gruppe darf sich setzen, um die zweite Hälfte, die sich in einer Reihe vor den andern aufstellt, zu beobachten. Die Stehenden erden sich in bewährter Weise und bekommen die Aufgabe, mit ihren Schulterblättern schöne, klare Kreise hinter sich zu zeichnen. Dabei bleiben die Augen geöffnet. Die Kreise werden kleiner und kleiner, bis sie äußerlich nicht mehr erkennbar sind, wohl aber innerlich mit dem geistigen Auge noch nachvollzogen werden. Die Konzentration ist ganz nach innen (hinten und unten) gelenkt: „innere Präsenz“. Die Stehenden registrieren ihr Körperbewusstsein, die Beobachtenden den nach innen gerichteten Blick, den Körperausdruck und erspüren das Energiefeld der Akteure.

- Neue Aufgabe für die Stehenden: Sie haben ihre ganze Aufmerksamkeit auf alle Details der gegenüber liegenden Wand (über den Köpfen der Beobachterinnen) zu richten, z.B. die Bretter der Holzverschallung zu zählen oder ähnliches. Die Konzentration ist ganz nach außen (vorne) gelenkt: „äußere Präsenz". Beide Gruppen nehmen die Veränderung in Blick, Körperhaltung, -spannung und Energiefeld wahr.

  Die innere Präsenz entspricht etwa einem meditativen Zustand, die äußere etwa dem Zustand einer Suchenden. Weder der eine Aspekt noch der andere für sich genommen, ist ausreichend für eine Gesamtpräsenz, für ein umfassendes Körperbewusstsein.
- Nach dem Wechsel der beiden Gruppen gilt es für alle, ihre momentane Gesamtbefindlichkeit auf allen Ebenen zu beobachten und sich zu merken, damit sie nach den nächsten Übungen die etwaigen Veränderungen bewusst erkennen können.

2.2.2. Übung: Der Aufladungs-Lauf

(mindestens 25 Minuten)

Sie beginnen gemeinsam im Kreis zu trotten, und zwar gegen den Uhrzeigersinn. Wählen Sie Ihr eigenes Tempo, lockern Sie alle Gliedmaßen, Schultern, Nacken, Unterkiefer, Beckenboden. Lassen Sie die Arme schlenkern (nicht joggen!). Schütteln sie alles ab, was Sie von Ihrem Alltag vielleicht mitgebracht haben. Lassen Sie alle Gedanken ziehen, bleiben Sie aber mit Ihrer ganzen Aufmerksamkeit bei sich. Spüren Sie Boden, Füße, Becken, Oberkörper, Ihren Atem. Nehmen Sie den Raum und alle anderen Menschen im Raum wahr.

Nach etwa 10 Minuten sprinten Sie, so schnell Sie können, für etwa 30 Sekunden, um dann etwa zwei Minuten zu gehen. Danach wiederholen Sie alle Phasen.

Nach schamanischen Prinzipien laden Sie sich auf, wenn Sie

auf der nördlichen Halbkugel der Erde gegen den Uhrzeigersinn laufen. Mit dem Uhrzeigersinn zu laufen bedeutet Energieabbau. Die zeitliche Abfolge kann beliebig variiert werden. Die oben erwähnten drei Regeln müssen aber unbedingt eingehalten werden:

- Bleiben Sie während der gesamten Zeit *immer* in Bewegung.
- Wechseln Sie dabei Rhythmus bzw. Tempo und Intensität.
- Bleiben Sie unbedingt im Hier und Jetzt mit wachsamer Aufmerksamkeit und Bewusstheit.

Es mag notwendig sein, diese Übung über längere Zeit hindurch regelmäßig zu wiederholen, damit sie ihre Wirkung entfalten kann. Sie werden trotz körperlicher Anstrengung in einen energetisch aufgeladenen Zustand mit erhöhter Präsenz gelangen. Aus dem heraus können Sie gleich die nächste Übung anschließen.

2.2.3. Übung: Lichtkugel für's All

Bleiben Sie in Bewegung, gehen Sie durcheinander, atmen Sie bewusst aus, lassen Sie den Einatemfluss wie von selbst kommen. Stellen Sie jetzt bewusst Ihre Lichtkugel her (vgl. I/2.1., S. 23). Während sie weitergehen, wählen Sie für sich im Stillen eine zweite Person im Raum, zu der Sie Ihre Lichtkugel ausdehnen und sie mit hineinnehmen, egal ob Sie ihr nahe sind oder fern.

Nach einer Weile verbinden Sie sich gedanklich über Ihre Lichtkugel, die in ihrer Form immer flexibler wird, mit einer dritten Person.

Schließlich bilden Sie eine große Kugel um die ganze Gruppe! Spüren Sie weiterhin Ihren Körper und den Boden! Jetzt lassen Sie einen Ton entstehen, der in dieser Kugel mit der Gruppe schwingt. Wenn Sie sich soweit eingestimmt haben, dehnen Sie jetzt Ihre gemeinsame Kugel über das Gebäude aus, in dem Sie sich gerade befinden, passen Sie den Klang entsprechend an, dann über die Stadt, über das ganze Land, um die Erdkugel, und schließlich verbinden Sie sich mit dem ganzen All. Finden Sie auch dafür jeweils den stimmigen Ton.

Diese unendlich große Lichtkugel leuchtet nach wie vor und klingt. Sie sind mit allen und allem verbunden und im Ein-Klang.
Nachdem Sie diese Erfahrung haben ausklingen lassen und *bewusst* wieder Ihre eigene Einzellichtkugel hergestellt haben, holen Sie sich noch einmal Ihre Befindlichkeit vor den letzten beiden Übungen her. Vergleichen Sie die spezialisierten Einzelenergien, die Sie in der ersten Übung erlebt haben, jetzt mit Ihrem Gesamtzustand. Dieser sollte maßgeblich werden für Sie in Zukunft – egal welcher Tätigkeit Sie gerade nachgehen.
Sollten Sie aber nach den letzten beiden Übungen nichts an Veränderung spüren oder sich sogar schlechter fühlen, bedenken Sie: Energetische Veränderungen können tief gehen und Zeit brauchen. Akzeptieren Sie sich wie Sie sind, aber bleiben Sie dran!

2.3. Der ständige Kampf um Energie oder Licht und Liebe sind der beste Schutz

Vielleicht beginnen Sie zu ahnen, was es bedeutet (auch die Physik sagt es): „Alles ist Energie." Alle brauchen sie, alle wollen sie.
Vielleicht beginnen Sie auch zu ahnen, was sich eigentlich zwischen den Menschen abspielt! Es ist ein ständiger Kampf um Energie. Wir alle haben ein ganzes Repertoire an Tricks und Methoden, uns Energie von anderen zu verschaffen. In dem Buch „Achtung, Energie-Vampire" beschreibt Dorothy Harbour (1999) ausführlich verschiedenste Möglichkeiten für den energetischen Selbstschutz. Interessanterweise gibt es nicht nur die Vampire oder Energiesauger, sondern auch jene, die sich in der Opferrolle und als Energiespender zunächst wohlfühlen, denn gebraucht zu werden und geben zu können vermittelt ein Gefühl der Sinnhaftigkeit. Kritisch beginnt dies zu werden, wenn es sich als Dauerzustand etabliert.
Dabei ziehen sich diese Typen geradezu an. So kann es in längerfristigen Beziehungen sein, dass es der einen Person blendend geht, während die andere mehr und mehr leidet, bis die Beziehung in Brüche geht – es sei denn, die Zeichen der Zeit werden aufgegriffen

und die dahinter liegenden Mechanismen in gemeinsamer Anstrengung freigelegt und verändert.
Durch unsere Prägungen (vgl. I/1.1.) besitzen wir alle bestimmte „Knöpfe", die nur gedrückt zu werden brauchen, und wir verlieren Energie. Unsere Beziehungspartnerinnen können uns dies mit erstaunlicher Treffsicherheit demonstrieren. Meister im Knöpfe drücken sind auch unsere Kinder. Sie können auf diese Weise unsere „Lehr-Meister" werden, wenn wir die Herausforderung annehmen und uns Knopf für Knopf anschauen und bearbeiten.
Natürlich findet dieses Knöpfe-Drücken auch gegenseitig und oft gleichzeitig statt. Vielleicht ahnen Sie auch schon, wie dies mit dem psychologischen Nebel zusammenhängen könnte und wie dringend wir unsere Bewusstheit über unseren Körper und den Fahrtenschreiber brauchen, wenn wir aus diesem schier ewigen Energie-Spiel-Kreislauf aussteigen wollen (vgl. Anhang A, Video-Film „Der achte Tag").
Noch etwas ist interessant: Energie ist Energie, egal in welcher Form (siehe Physik). Das heißt, im Kampf um Energie ist es uns zunächst gleichgültig, ob wir unsere Partnerin zum Weinen bringen, zornig machen, ihr Angst einflößen, sie neugierig machen, sie nerven, in ihr Schuldgefühle erzeugen, sie zum Lachen bringen, ob wir uns Anerkennung, Lob angeln, sie erschrecken oder mit einem Geschenk überraschen ... immer können wir Energie gewinnen.
James Redfield beschreibt in seinem Buch „Die Geheimnisse der Celestine" vier Haupttypen von Energiekontrolle, je nachdem durch welches „Kindheitsdrama" wir geprägt wurden („Kontrolldrama") (vgl. Redfield 1994 und 1995). Barbara Anne Brennon unterscheidet hingegen fünf Typen und skizziert dabei anschaulich, wie sich deren Lichtkugeln verformen, zurückziehen, überstülpen oder gegenseitig verhaken (Brennan 1993).
Bedenken Sie, auch wenn Sie diese Lichtkugeln selbst nicht sehen, so manifestieren sich dennoch die oben erwähnten energetischen Gegebenheiten früher oder später sichtbar im Körper! Spätestens dann können Sie sie wahrnehmen und ablesen an

- Bewegungen, Gefühlen, Atem etc. (kurzfristige Wirkungen)
- Spannungen, Schmerzen etc. (mittelfristige Wirkungen)
- Erkrankungen, chronische Leiden (langfristige Wirkungen)

Über die kurzfristigen Wirkungen energetischer Impulse in der nonverbalen Kommunikation haben wir uns schon ausführlich unterhalten. Langfristige Wirkungen können durch energetische Blockaden entstehen, d.h. dass die Energien nicht mehr frei fließen können. Auf der einen Seite der Blockade ist zu viel Energie, auf der anderen ein Mangel (vgl. Tepperwein 1992). Beides führt auf die Dauer zu Erkrankungen.

Somit erahnen Sie hoffentlich, wie Sie beginnen können, sich aus dem tag-täglichen Energiedilemma zu befreien:

Sorgen Sie dafür, dass Ihre Energien frei und harmonisch fließen können, in Sie, in Ihnen, um Sie herum und zwar ohne Kampf und Raub. Schließen Sie sich dazu an die universelle, kosmische Quelle an, deren Energie unerschöpflich ist, statt sich mit der Nachbarin um ein paar Einheiten von Ärger-Energie zu balgen. Die kosmische Quelle können Sie überall finden; auch wenn es „Räume" gibt, die Ihnen den Zugang erleichtern: in der Natur im Wald, am Wasser, auf Bergen; an Kraftplätzen der Erde, in der Musik, in der Bewegung oder in der Stille in Ihnen selbst, in Ihrem innersten Licht, dem göttlichen Funken, in Ihrer Liebe.

Wiederum ist es Ihr *Tun* in Verbindung mit Ihren *Gedanken*, das für Sie den unendlichen Energiestrom erschließt. Finden Sie also in den nächsten drei Übungen Formen des Tuns und Denkens, durch die Sie sich in verschiedenen Situationen geschützt fühlen und mit der Quelle des Lichts und der Liebe in Verbindung bleiben können. Sie schließen sich einfach mit Ihrer Lichtkugel an diese Ur-Quelle an.

2.3.1. Übung: Die „kompakte" Lichtkugel

Diese Form der Übung kann Ihr erster Schritt sein, um Ihre Visualisations- und Gedankenkraft, Ihre Konzentration und Ihre Lichtenergie zu stärken. Zu Beginn üben Sie am besten an einem ungestörten, ruhigen Ort, später können Sie Ihre Fortschritte in einem verrauchten Café mit Musik überprüfen. Setzen Sie sich aufrecht hin, erden Sie sich, stellen Sie sich Ihren Seidenfaden am Hinterkopf vor (vgl. II/1.1.3., S. 69), den Sie nun in Ihre Verbindung zur kosmischen, universellen Quelle umwandeln. Durch diese Verbindung fließt Ihnen ständig Licht-Energie zu, wenn Sie sich dafür öffnen.

Visualisieren Sie Ihre Lichtkugel um sich, auch in den Boden hinein und nach hinten! (Vgl. I/2.1.2., S. 25) Lassen Sie sie immer heller und stärker erstrahlen. Dadurch wird die ganze Oberfläche Ihrer Kugel so stabil, dass von außen keinerlei unerwünschte Energien eindringen können. Stellen Sie sich vor, wie diese abprallen oder sich zerstreuen.
Nun können Sie sich auch erheben und umhergehen. Die Kugel verformt sich zu einem Licht-Ei: Wenn Ihnen andere Menschen zu nahe kommen, verformt sich dieses Ei, ähnlich einem Luftballon, der zusammengedrückt wird, und nimmt automatisch wieder seine Form an, sobald genügend Platz dafür ist. (Erst bei gezieltem Körperkontakt würde der Ballon sozusagen „platzen", um sich – ähnlich den Seifenblasen – mit der zweiten Lichtkugel zu vereinen, vgl. II/3.3.1., S. 113)
Bewusst auf Sie gerichtete negative Energie prallt an Ihrer kompakten Lichtkugel ab und kehrt zum Sender wieder zurück. Manche sprechen davon, dass sie sogar siebenfach verstärkt den Verursacher wieder trifft. Mag sein, dass Sie sich zwar geschützt, aber auch wie hinter Jalousien eingeschlossen fühlen, um zu warten bis das „Unwetter" vorbei ist.

2.3.2. Übung: Die „transformierende" Lichtkugel

Wollen Sie dazu beitragen, dass sich das „Unwetter" auflöst, die auf Sie gerichtete negative Energie nicht länger oder gar vermehrt umherschießt, um sowohl Sie als auch den Verursacher oder noch andere Menschen und Wesen zu treffen, so können Sie mit zunehmender Gedankenkraft diese unerwünschten Energien transformieren.
Zunächst visualisieren Sie wieder Ihre „kompakte" Lichtkugel. Dann stellen Sie sich vor, wie z.B. ankommende „Giftpfeile" sich verwandeln und als Boten der Versöhnung, der Geduld, der Dankbarkeit oder der Liebe an den Absender zurückkehren.
Bitten Sie die göttliche Existenz, Ihnen hilfreich zu sein und Ihnen genügend Licht-Energie zufließen zu lassen. Das öffnet und verbindet Sie. Denken Sie immer daran, sich auch gleich für die Erfüllung Ihrer Wünsche zu bedanken. Denn sie wer-

den erfüllt werden, zu der Zeit und in der Form, die für Sie am besten ist.
Durch Ihren Dank bekräftigen Sie Ihre Verbindung und lassen den Wunsch auch schon wieder los. Vertrauen Sie Ihrem Gedanken! Üben Sie durchaus immer wieder in Ihrem „stillen Kämmerlein", damit Sie sich im akuten Fall sofort auf Licht und Liebe einschwingen können.

2.3.3. Übung: Die strahlende Lichtkugel

Je besser und dauerhafter Ihre Verbindung in die Erde und in den Himmel wird und je mehr Energie Sie halten können, desto eher können Sie die dritte Lichtkugelvariante verwirklichen.
Auch dazu ist es von Nutzen, zunächst in Stille und ohne Bewegung zu üben. Stellen Sie sich in Ihrer Mitte, im Bereich des Unterbauchs, eine unendlich starke Lichtquelle vor, die von innen her Ihre ganze Kugel so intensiv erfüllt, dass diese in alle Richtungen und mit größter Kraft Licht-Energie aussendet. Es entsteht ein kontinuierlicher Strom nach außen, gegen den andersschwingende Energien überhaupt nicht ankönnen. Sie werden förmlich weggespült, kommen erst gar nicht in die Nähe Ihrer Strahlen-Kugel. Nur gleichschwingende Energie erreicht Ihr inneres Wesen, Sie aber können strahlend alle „nähren", denen Sie Ihre Liebe zukommen lassen wollen.
Selbstverständlich muss dazu Ihre Mitte, Ihr Kraftzentrum über Ihr Herz mit der höchsten, universellen Quelle verbunden sein. Wahrscheinlich wird dafür Ihre Vorstellungskraft alleine zunächst noch nicht ausreichen. Es gilt noch alle Blockaden, die diesen Energiefluss behindern, auszuforschen und zu beseitigen. Davon wird noch im nächsten Kapitel die Rede sein.
Dennoch empfehle ich all jenen, die vor Publikum auf der Bühne stehen, schon mit dieser Visualisation zu arbeiten:

- Sie sind gut geerdet,
- nach oben offen wie ein Trichter, in den die universelle Kraft einfließt,

- strahlen in alle Richtungen aus,
- wobei Sie zu jeder Zuhörerin oder Zuschauerin Ihre Verbindung legen, etwa in Form von elastischen Gold-Fäden (vgl. I/3.3.1., S. 54),
- Sie sind verbunden mit Ihren Kolleginnen,
- kreieren die Lichtkugel für das ganze Haus und
- beginnen dann erst mit Ihrer Rede, Ihrem Vortrag oder Spiel.

Übrigens: Wo hört die Bühne auf, wo fängt das Leben an?

3. Leben ist Verwandlung – Schulung der Gedanken

Wir Menschen dürfen drei göttliche Geschenke unser eigen nennen. Diese sind
1. die Fähigkeit, Erkenntnisse zu erlangen
2. der freie Wille
3. die Schöpferkraft.

Warum ich das in einem Buch über Körpersprache erwähne? Es hat mit unserem Bewusstsein im Körper zu tun. Inzwischen haben Sie ja schon erkannt, dass wir zum Großteil nur unsere unbewussten Muster leben. (Wir sind alle bravouröse „Muster-Knaben" und „-Mädchen"!)

Somit haben Sie Ihr erstes göttliches Geschenk (Erkenntnisse zu erlangen) bereits angewandt. Sie tun es in zunehmendem Maße, sobald Sie erkennen, dass es neben Ihren gewohnten Verhaltensmustern noch viele weitere Möglichkeiten des Verhaltens gibt. Es gilt also Entscheidungen zu treffen. Bisher sind Sie etwa immer „in die Flucht" gegangen, wenn Ihnen jemand zu nahe trat. Nun haben Sie *erkannt,* dass Sie z.B. standhaft bleiben oder dem „Eindringling" entgegentreten können, ja sogar aggressiv werden könnten, um Ihr Territorium zu verteidigen. Dies ist nun Ihre Entscheidung, Ihr *freier* Wille! Wenden Sie auch dieses göttliche Geschenk an.

Ohne Erkenntnisse können Sie Ihren freien Willen gar nicht anwenden! Solange Sie gar nicht wissen, dass es A *und* B gibt, also nur A

kennen, sind Sie *unfrei*, gefangen und abhängig von Ihrem Muster A! Erkennen Sie es? Sie sind auf dem Weg zu Ihrer Freiheit!
Sie denken vielleicht: „Wie soll ich das nur schaffen?“ – Mit dem dritten göttlichen Geschenk, Ihrer Schaffens- oder Schöpferkraft, Ihrer Kreativität! Sie haben ja auch damit schon begonnen, indem Sie sich beispielsweise eine Lichtkugel erschaffen haben. Nach den gleichen Gesetzmäßigkeiten erschaffen Sie sich laufend Ihr persönliches Theaterstück bzw. Ihren Alltag (vgl. III/2., S. 128), und zwar durch Ihre Gedanken, Ihre Bilder, Visionen, Visualisationen, durch Ihr Handeln oder Unterlassen. Mit jeder Aktion schaffen Sie die Re-Aktion, die Antwort! Sie sind dafür ver-*antwort*-lich. Also

- *erkennen* Sie als erstes das, was *ist*
- verwenden Sie Ihren *freien Willen* zu entscheiden, wohin Sie sich verwandeln wollen
- *erschaffen* Sie sich alles, was dazu *not*-wendig ist.

Leben ist Verwandlung. All dies ist möglich mit Ihrem Bewusst-Sein im Körper und der Kraft Ihrer Gedanken (vgl. Anhang A: Video-Film „Ein neuer Tag“)

3.1. Muskel-Test
Ein direkter Zugang zu den Tiefen des Eisbergs und zur inneren Weisheit

Unser Körper ist mit seinem Energiefeld derartig verwoben, dass sowohl grobstoffliche als auch feinststoffliche Einflüsse jederzeit das ganze System verändern können (vgl. I/2. Körper-Seele-Geist, ein Energie-System, S. 22). In der Kinesiologie wird diese Tatsache genutzt, um auf relativ einfache und schnelle Art mittels des Körpers, nämlich durch den „Muskeltest“, Informationen über das ganze System zu erhalten (vgl. Diamond 1995). Prägungen, Muster, Glaubenssätze, Blockaden, Traumata etc., alle entscheidenden Erlebnisse dieses Lebens, wie auch vergangener, können im Prinzip mit entsprechendem Training und Erfahrung auf diese Weise zugänglich gemacht werden.
Wichtig ist zu berücksichtigen, dass nur mit Erlaubnis der inneren Weisheit sehr sorgfältig und entsprechend dem Zwiebelschalen-Modell eine Schicht nach der anderen offengelegt und bearbeitet werden

kann. Voraussetzung ist, dass das Körper-Energie-System in Harmonie ist und störungsfrei arbeitet, also der Muskeltest überhaupt durchführbar ist. Falls das nicht der Fall ist, bietet die Kinesiologie entsprechende Maßnahmen an, durch die das System wieder in Einklang gebracht werden kann (vgl. Silva/Rydl 1993). Es gibt natürlich viele Möglichkeiten, sich über die heilenden Wirkungen der kinesiologischen Übungen und über das Testen zu informieren. Da es sich dabei auch um praktische Erfahrung handelt, ist es empfehlenswert, diese Methode am besten in einem Seminar kennenzulernen (vgl. Anhang C).

Aufgrund unserer bisherigen Überlegungen und Erkenntnisse können Sie sich das Funktionieren des Muskeltests – modellhaft – folgendermaßen vorstellen:

Ihre Muskeln sind direkt verbunden mit Ihrem gesamten Energiefeld, das Sie ja nicht nur außen umgibt, sondern Sie auch vollkommen durchdringt. Ihr Energiefeld, wenn Sie so wollen Ihre persönliche Akasha-Chronik, beherbergt auch eine eigenständige Intelligenz, Ihre innere Weisheit. Diese reagiert spontan auf jegliche Art von Beeinflussung bzw. Information von außen. Alles, was von Ihrer inneren Weisheit als positiv, richtig oder förderlich erkannt wird, lässt Ihren Muskel stark bleiben, alles was für Sie negativ, falsch oder hinderlich ist, schaltet bestimmte Energieflüsse ab und schwächt somit Ihre Muskelkraft. Eine der verschiedenen Möglichkeiten ein solches Abschalten sicht- und erlebbar zu machen, besteht darin, den waagrecht ausgestreckten Arm der zu testenden Person nach unten zu drücken. Der Unterschied zwischen „starkem“ und „schwachem“ Arm, bei gleichbleibendem Druck von oben ist meist überraschend deutlich zu erkennen (vgl. Krebs 1998).

Es ist vielleicht hilfreich, sich noch einmal zu vergegenwärtigen, wie viel verschiedene Formen von Energien es sind, die auf unser System einwirken können, von grobstofflichen bis feinst-stofflichen:

- Essen, Trinken
- Allopathische Arzneien
- Bewegung aktiv, passiv
- Massage, Berührung durch sich selbst, durch andere (Hände auflegen)
- Temperatur

- Gerüche, Atem, Luft
- Töne, Musik, Stimmen, Geräusche erzeugen / hören
- Farben, Strukturen, Bilder sehen / malen
- Sprache, Text, Worte, Laute
- Körpersprache, Blicke
- Elektromagnetische Felder, Radioaktivität
- Homöopathische Arzneien, Bachblüten
- Konzentration auf etwas innerhalb oder außerhalb des Körpers (hinspüren, hindenken, hinatmen)
- Visualisierte Bilder, Licht
- Gedanken
- Gebet
- Lebensenergie, Chi, Prana, Od, Mana, ...

Der Einfluss all dieser Energien, deren Liste freilich noch vielfach ergänzt werden könnte, ist mit Hilfe des „Muskeltests" eindrucksvoll nachweisbar.

Die nun im folgenden beschriebenen Übungen können nur mit einiger Erfahrung, mit entsprechender Vorbereitung der zu testenden und der testenden Person durchgeführt werden, wenn die Klarheit der Ergebnisse gewährleistet werden soll. Beide Personen müssen harmonisch in ihrer Mitte ruhen und Störfaktoren möglichst ausgeschaltet haben.

Sie werden erkennen können auf welche (zum Teil subtilsten) Einflüsse das Energie-System reagiert, wie leicht wir uns schwächen lassen und wie wir damit unsere Kraft und Freiheit verlieren.

3.1.1. Übung: Ihre innere Weisheit kennt Ihren Namen

Zunächst müssen Sie als Testende sich auf die normale Muskelkraft der Testperson einstellen. Sie geben ein Signal, sagen z.B. „Halten" und versuchen dann den seitlich ausgestreckten Arm der Testperson nach unten zu drücken. (Achten Sie darauf, dass die Testperson normal weiteratmet!) Nun wissen Sie wie stark Sie drücken können. Sie definieren diese normale Kraft als ein „Ja". Sie sprechen dies noch einmal aus: „Das ist ein Ja. Halten." und drücken. „Das ist ein Nein. Halten." Sie drücken wieder, und falls das Körper-Energie-System Ihres Gegenübers in Ordnung ist, werden Sie eine deutli-

che Schwächung der Muskelkraft erleben können. Danach stellen Sie wieder die positive Ja-Energie her, indem Sie wiederholen: „Das ist ein Ja. Halten." und sich durch Drücken des Armes überzeugen, dass Sie Ihre Testperson nicht geschwächt stehen lassen.
Falls es nicht klappt, können Sie die Versuchsbedingungen (Erdung, Lichtkugel etc.) nochmals überprüfen, ansonsten müssten Sie sich an eine geschulte Kinesiologin wenden, um in die Erfahrung dieser Körper-Energie-Zusammenhänge zu kommen. Ihr System ist dann im Moment nicht funktionstüchtig.
Sofern es bis hierher geklappt hat, können Sie ein paar weitere Tests vornehmen.
Sie stellen nun fest (der Klarheit wegen nicht in Frageform!): „Dieses (Körper-Energie-)System heißt ..." Setzen Sie den richtigen Namen ein, wird der Arm stark bleiben; bei einem falschen Namen wird das System mit „nein", also mit einem geschwächten Arm, reagieren.
Sie können sagen, dass dies zu erwarten war. Nun, Sie können, falls Ihre Testbedingungen bisher klare Ergebnisse erlaubten, sich auch überraschen lassen! Gehen Sie weiter zur nächsten Übung!

3.1.2. Übung: Die Energie der Dinge in Ihren Händen
Stellen Sie wieder die positive Normalkraft ein: „Das ist ein Ja. Halten." Nun erbitten Sie von jemandem ein Handy. Auch ein einfaches Schnurlos-Telefon genügt. Schalten Sie es ein und geben Sie es der Testperson in die freie Hand. Sie bitten um den ausgestreckten Arm, sagen „Halten!" und drücken. In den allerseltensten Fällen wird der Arm stark bleiben. Sie erleben gerade eine eindrucksvolle Auswirkung des „Elektro-Smogs" auf unser Energiesystem. Ebenso können Sie beim nächsten Spaziergang durch die Natur in der Nähe eines Senders für Handy-Netze (die wie Pilze aus dem Boden schießen!) die Schwächung Ihrer Energie bis in große Entfernung verfolgen.
Auch eine normale Stromleitung, unter der Sie stehen, zeigt

dasselbe Ergebnis, allerdings reicht die Wirkung nicht so weit. Wieder können Sie sagen, dass dies zu erwarten war.

Also, nehmen Sie bitte den nächst besten Gegenstand, der vom Supermarkt oder vom Händler mit einem Strich-Code versehen worden ist. In jedem Seminar-Raum stehen Erfrischungsgetränke. Sehen Sie sich die Flaschen an. Oder nehmen Sie einen der Filzschreiber bei der Flipchart. Höchstwahrscheinlich hat auch er eine entsprechende Strich-Kombination vorzuweisen.

Geben Sie also den Gegenstand der Testperson so in die Hand, dass der Strich-Code auf den Handteller (das Hand-Chakra) zu liegen kommt. Sie können das so geschickt tun, dass die Versuchsperson nichts davon bemerkt und bitten um den Arm: „Halten." Lassen Sie sich und die Testperson überraschen!

Diese Strich-Codes gehören zu den subtilsten Umweltverschmutzungen, die uns ahnungslos schwächen! Zwar nimmt diese katastrophale Wirkung – Gott sei Dank! – mit der Entfernung sehr schnell ab. Aber als Seminarleiterin sollten Sie darauf achten, wie lange Sie sich während Ihres Referates an Ihrem Filzschreiber in Ihrer Hand festhalten! Ebenso heimtückisch sind die Strich-Codes auf der Rückseite eines Buches, das Sie lange Zeit festhalten, um es zu lesen. („Überkleben hilft überleben!")

Natürlich gibt es auch verschiedene Objekte, die Ihre Energie stärken, z.B. Mineralien (vgl. Chocron 1987). Wenn Sie diese gezielt an Ihrem Körper tragen, können manche der negativen Einflüsse ausgeglichen werden.

Vielleicht ist Ihr Interesse erwacht, was unsere Zivilisation sonst noch gegen unser Stark-Werden auf Lager hat. Geschwächte Menschen sind leichter zu beeinflussen - auf jede Art! Also forschen Sie selbst weiter!

3.1.3. Übung: Gesten und Haltungen wirken auf Ihre Energie

Überprüfen Sie, ob Ihre Testperson noch in Takt ist oder ob sie aufgrund all der bisherigen Erkenntnisse energetisch

„außer Tritt" gefallen ist. Dies kann sich darin zeigen, dass der Arm immer stark oder immer schwach bleibt. Testen Sie routinemäßig ein Ja, ein Nein, ein Ja. Okay? Wenn ja, dann er- klären Sie Ihrer Testperson folgendes: Sowohl innerhalb als auch außerhalb Ihres Körpers, also im Energiefeld bis zu 20 – 30 cm vor dem Körper, läuft vom Kopf zum Unterbauch ein energetischer Hauptmeridian. Während Sie dies erklären, zeigen Sie gleichzeitig die Bahn dieses Meridians, Sie machen also eine Handbewegung von oben nach unten. Vielleicht wiederholen Sie diese zur Deutlichkeit.
Test: „Halten." Lassen Sie sich wieder überraschen. In den meisten Fällen genügt eine solche Handbewegung, um Ihr Gegenüber zu schwächen. Drehen Sie die Richtung Ihrer Handbewegung um und Ihr Gegenüber ist wieder in „Ordnung". Die Versuchsperson kann sich auch selbst wieder auf *auf*-bauen, nachdem sie von Ihnen *runter*-gemacht wurde!
Nun vergessen Sie den Hauptmeridian. Es genügt, im Gespräch eine geringschätzige, *herab*-würdigende Geste in der Nähe Ihrer Gesprächspartnerin und schon ...
Vielleicht hält dabei Ihr Energie-System auch gleich ein Gefäß auf, um die ausfließende Energie Ihrer Partnerin für sich selbst einzusammeln (Energie-Raub!), während diese in psychologischem Nebel versucht, sich zurechtzufinden ... Geschwächte Menschen sind leichter zu beeinflussen ... auch auf diese Art, sofern das Reptilien-Hirn Ihrer Partnerin nicht auf Aggression schaltet. Dann könnte es sein, dass Sie selbst Energie lassen müssen!
Wenn Sie an unser Eisberg-Modell denken, verwundert es nicht, wenn sogar folgende Beeinflussung mit dem Muskeltest sichtbar gemacht werden kann: Die wohlgesonnene Chefin (Arm stark) begrüßt die ängstlich-nervöse Stellenbewerberin. Deren Geistes- und Körperhaltung verraten sofort den entsprechenden Energiezustand (Arm schwach). Jetzt kann folgendes passieren, je nach Energie-Typ und momentaner Konzentration: Entweder wird die Stellenbewerberin gestärkt oder – auch das ist möglich – die Chefin geschwächt. Dazu ist noch nicht einmal ein Körperkontakt (Händeschüt-

teln) nötig. Im Rollenspiel können die jeweiligen energetischen Auswirkungen mittels Muskeltest überprüft werden. Alles läuft nach klaren Gesetzmäßigkeiten und entsprechend unserer Muster im unbewussten Teil des Eisberges ab. Dabei bewegen wir uns, bildlich gesprochen, immer noch ganz an der Oberfläche dieses Eisbergs! Was mag dieser *Berg* noch alles in sich *berg*en?

3.2. MUSTER-HAFT
Das Auflösen alter VerHAFTungen in unerwünschten Mustern und hinderlichen Energien

Nach dem Erkennen all der vielen Schichten von Prägungen und Mustern, die in und um uns sind, mag es unmöglich erscheinen, sich aus diesen Verhaftungen zu lösen. Doch es ist möglich! Es bedarf, gleichgültig wie Sie es anpacken, der

- Geduld,
- Konsequenz und
- Zeit;

aber es ist möglich.

Am besten ist, Sie beginnen gleich jetzt. Es heißt, alle sieben Jahre haben sich alle Zellen in uns erneuert. Geben Sie den Zellen aber neue Informationen mit, ansonsten bekommen Sie lauter Duplikate Ihrer alten Muster statt Zellen mit bewusst geschaffenen neuen geistigen Inhalten!

Ich selbst habe vor etwa sieben Jahren begonnen dankbar alle möglichen Methoden, die mein Körper-Energie-System zu verändern vermochten, anzuwenden und darf jetzt am Ende meines siebenten Lebens-Jahrsiebents gewaltige Veränderungen in meinem Leben beobachten. Meine konsequenten und oft radikalen (radix = Wurzel!) Anstrengungen zeigen Früchte. Also, nur Mut, je früher Sie beginnen, desto früher zeigen sich die Ergebnisse bei Ihnen!

Ich bin überzeugt, dass auch Sie vollgestopft sind mit „Glaubenssätzen", und zwar meistens mit solchen, die uns klein und kraftlos machen. Sie können den nächsten „Zufall", die nächste Panne, den nächsten Ärger hernehmen und jenen Glaubenssatz ausforschen, der diesem Ereignis zugrunde liegt. Dieses Forschen kann übrigens auch,

wie erwähnt, mit dem Muskeltest, unter erfahrener Anleitung, durchgeführt werden.
So lange Sie nichts verändern, bewirken Ihre Glaubenssätze, dass Sie immer wieder in die gleichen Situationen hineingeführt werden, die dabei oft schlimmer und schwieriger werden, bis sie sich in Unfällen, Krankheiten oder anderen Katastrophen manifestieren. Um Ihre Forschungsarbeit ein wenig zu erleichtern, hat z.B. Louise L. Hay eine ganze Liste von Krankheiten und möglichen Mustern und Prägungen als deren Ursache zusammengestellt (vgl. Hay 1993). Selbstverständlich bietet sie auch Vorschläge für neue Gedankenmuster oder Affirmationen an, die die alten ersetzen sollen.
Sie können einfach diese neuen Glaubenssätze denken, sprechen, schreiben, so oft wie möglich, sie in Ihrer Wohnung überall aufhängen, wo immer Ihr Blick hinfällt und sie beginnen zu wirken. Meine Erfahrung ist allderdings die, dass die alten Muster erst getilgt werden müssen, damit die neuen effektiv greifen können. Dazu kann es Ihnen äußerst dienlich sein, das ganze Körper-Energie-System einzubeziehen.
Mit dem Muskeltest lässt sich feststellen, wo im Körper oder im Energiefeld so ein alter Glaubenssatz (z.B.: Ich bin ein schlechter Mensch. Ich verdiene keine Liebe. Ich darf nicht erfolgreich sein. Glück kann nur durch Leid erreicht werden. Ich will nicht gesund sein oder ähnliches) festsitzt und wie er, losgelassen, hingegeben oder transformiert werden darf – im Einklang mit Ihrer inneren Weisheit oder göttlichen Führung. Dabei spielt körperliche Bewegung, neben allen anderen Energiequellen (vgl. Liste von III/3.1., S. 144) oft eine große Bedeutung. Im Hingeben eines gezielt angesprochenen Musters weiß der Körper plötzlich ganz genau, was er zu tun hat. Zu gehen, springen, rollen, sich winden, schütteln, was auch immer. Oft möchte sich auch die Stimme dabei entsprechend ausdrücken. Auch wann es genug ist, wann diese energetische Arbeit beendet ist, spüren Sie in diesem Zusammenhang ganz von selbst. Ihr Muskeltest wird es bestätigen. Sie verwandeln damit, intuitiv geführt, Ihr Bewusst-Sein im Körper.
Sobald Altes hingegeben werden konnte, können sie Neues programmieren und in Ihrem Körper verankern (vgl. III/3.2.2., S. 153). Beachten Sie, dass Ihre neuen, positiven Affirmationen stets als Ich-Bot-

schaft und ohne das Wort *nicht* formuliert sind. Vermeiden Sie beispielsweise Sätze wie diesen: „Ich will nicht träge sein."

- Erstens weiß Ihr Unbewusstes dann noch immer nicht, was Sie statt dessen sein wollen (z.B. flink, effektiv, fleißig, spontan oder oder ...).
- Zweitens ist Ihr Unbewusstes „taub" bezüglich des Wortes *nicht!* Das was hängenbleibt im Unbewussten ist „...träge sein" und der gegenteilige Effekt tritt ein.

Neben den verschiedenen Methoden des Verankerns neuer Glaubenssätze, können Sie sich auch durch energiespendende Objekte unterstützen, um Ihre neuen Verhaltensweisen besser in Ihren Alltag integrieren zu können (vgl. III/3.2.3., S. 154).

Jedes Auflösen, Erlösen einer hinderlichen Energie bedeutet das Entfernen einer Schicht des Eisbergs oder der Schale einer Zwiebel. Das mag langwierig erscheinen, aber geben Sie nicht auf! Wenn Sie trotz konsequenter Arbeit an sich, demselben Thema wieder begegnen, dann wissen Sie, daß es die nächste Schale ist und Sie Ihrem wahren, lichtvollen Kern wieder einen Schritt näher sind! Nützen Sie alle Möglichkeiten, sich selbst in Ihrem Prozess energetisch zu unterstützen!

3.2.1. Übung: Sie entdecken drei hinderliche Glaubenssätze

Beginnen sie gleich zu erforschen, welch „Sammelsurium" an Glaubenssätzen in Ihnen gespeichert ist, indem Sie sich Zeit nehmen und mindestens drei solcher Formulierungen, die für Sie in Ihrem Leben bis jetzt Gültigkeit hatten, aufschreiben.
Durchforsten Sie dazu Standardsätze, die Sie in Ihrer Kindheit in Ihrer Familie immer wieder gehört haben, von Eltern, Geschwistern und anderen Verwandten (z.B. „Das schafftst du nie!"; „Das ist anderen auch nicht gelungen!"; „Deine Meinung ist unwichtig."; „Dazu bist du zu klein." oder oder ...).
Aber nicht nur Ihre Familie mit ihren speziellen Ausprägungen hat solche Sätze auf Lager. Schauen Sie sich einmal alle Sprichworte an, die Ihnen einfallen und überprüfen Sie sie auf ihre Förderlichkeit in Ihrem Entfaltungsprozess (z.B. „Was Hänschen nicht lernt, lernt Hans nim-

mermehr." „Wer ein Haken werden will, krümmt sich bei Zeiten." „Schuster bleib bei deinen Leisten." „Geld verdirbt den Charakter." „Wie du mir, so ich dir." oder oder ...)!
Beobachten Sie sich selbst, wie oft und wobei Sie automatisch nach solchen alten Leitsprüchen handeln, welche Sie sich zu eigen gemacht haben und ob sie jetzt noch für Sie adäquat sind. Bedenken Sie, dass Sie damit auch wieder erst an den oberen Schichten Ihres „Zwiebel-Modells" angelangt sind, dass viele Glaubenssätze viel tiefer versteckt, aber umso wirksamer sind und nicht nur seit Ihrer jetzigen Kindheit. Wie viele Leben haben Sie wohl schon hinter sich?
Sollten Sie keine drei hinderlichen Glaubenssätze in sich entdecken können, nehmen Sie die Liste der möglichen Krankheitsursachen von L. Hay (1993) zur Hand und meditieren Sie vor allem über jene, bei denen Sie spontan vehement reagieren: „Also, das hat mit mir bestimmt *nichts* zu tun." Beobachten Sie Ihre Gedanken!

3.2.2. Übung: Sie verankern drei förderliche Affirmationen

Formulieren Sie nun jene drei positiven Affirmationen, durch die Sie Ihre alten Glaubenssätze ersetzen möchten. Wenn Sie wollen, können Sie jedes Wort des zu findenden Satzes mittels Muskeltest überprüfen. Auf jedes einzelne Wort kann es ankommen, da wir alle mit bestimmten Worten unterschiedliche Empfindungen, Gefühle, Erinnerungen, Energien verbinden. Finden Sie den für *Sie* optimal formulierten Satz. Verwenden Sie „Ich" und vermeiden Sie „nicht", „keine" etc. Selbst Worte wie „mühelos" oder „angstfrei" sollten durch „leicht" bzw. „mutig" oder ähnliches ersetzt werden.
Klänge, Töne, Silben, Worte wirken für sich! Je genauer Sie arbeiten, desto wirksamer kann der neue Satz werden.
Haben Sie ein altes Muster erkannt und auf irgendeine für Sie stimmige Art energetisch aufgelöst, also Platz für Neues geschaffen, können Sie nun Ihre neugefundene Affirmation verankern. Eine mögliche Art ist folgende:
Sie sprechen den Satz ganz bewusst und laut aus. Muskeltest:

„Der Satz ist richtig ausgesprochen!“ Kommt ein „Nein“ (Arm schwach), erden Sie sich besser, nehmen Ihren Körper wahr, achten Sie auf Ihre Stimme und sprechen den Satz noch einmal. Bei „Ja“ (Arm stark) klopft Ihnen die testende Person dreimal mit dem Finger auf die Stirn, etwa im Tempo eines ruhigen Herzschlages. Die dadurch in Gang gesetzte innere, energetische Veränderung bewirkt eine momentane Schwächung des Energiesystems. Das Verankern oder „Einklopfen“ war also dann erfolgreich, wenn direkt danach bei der Aufforderung „Halten“ der Arm schwach ist.
Dieser Bewusstmachungsprozess bringt gleich danach die neue Stabilität. Ein zweites „Halten“ zeigt bei abgeschlossener Verankerung wieder ein „Ja“ (Arm stark). So können Sie bei jeder Ihrer neuen Affirmationen vorgehen.

3.2.3. Übung: Sie finden drei hilfreiche Kraftobjekte

Sie erinnern sich an die Übung „Spürlichkeits-Test“ (vgl. I/3.1.3., S. 40). In ähnlicher Weise können Sie für sich auch Gegenstände finden,die Sie im Umsetzen Ihrer neuen Verhaltensmuster unterstützen. Nehmen Sie sich ein Thema, eine Affirmation nach der anderen vor und lassen Sie die gewünschten Kraftobjekte zu Ihnen kommen. Oder Sie laufen ihnen über den Weg. Vertrauen Sie Ihrer Intuition, um zu erkennen, welcher Gegenstand Sie wobei unterstützen möchte. Sie können ihn in der Natur, an Kraftplätzen finden oder auch in einer Mineralien-Handlung. Zwar gibt es Literatur (vgl. Chocron 1987) über die Wirkung der Edelsteine, doch können Sie ebenso Ihrer Intuition folgen oder den Muskeltest nützen. Denken Sie dabei an Ihre neue Ausrichtung!
Zweierlei hilfreiche Aspekte können Sie verbinden:
Erstens installieren Sie einen „bedingten Reflex“. Immer wenn Sie an den Gegenstand denken, Sie ihn sehen oder spüren, werden Sie „reflexartig“ an Ihre neue Ausrichtung, an die Schulung Ihrer Gedanken erinnert. Solch bedingte Reflexe können übrigens auch ohne Objekte, z.B. mit Handlungen verknüpft werden. Immer wenn Sie den Kühlschrank öffnen, Ihre Arme verschränken, an jenem Haus vorbeikommen ...,

dann wird Ihnen Ihre Affirmation, neue Visualisation, Ihr neues Gedankenmuster etc. bewusst. Es entsteht eine neue Bewusstheit.
Zweitens verstärkt die Energie des Kraftobjektes Ihr Energiefeld, eben dort wo sie energetisch instabil sind, sofern Sie den Gegenstand bei sich am Körper tragen. Auch diesen Ort können Sie ertesten oder erspüren bzw. entsprechend der verschiedenen Energiezentren oder Chakren (s. weiterführende Literatur, Anhang F) zuordnen.
Es ergibt einen völlig neuen Sinn, sich mit diesem Hintergrund die Bedeutung eines „Talismanns", eines Schmuckstücks oder etwa einer Krone zu überlegen.
Genauso wie Sie z.B. mit einem Kraftstein die Wirkung eines Handy's oder Strichcodes neutralisieren können, können Sie so auch Ihren Mut, Ihre Leichtigkeit oder Gelassenheit etc. unterstützen. Finden und nützen Sie Ihre persönlichen Kraftobjekte für Ihr neues Bewusst-Sein in Ihrem Körper!

3.3. Mimo-Sonanz
Die körperliche Darstellung von unbewusst gespeicherten Energien und Informationen durch Bewegung

Vertrauen wir unserem Körperbewusstsein und unserer innersten Weisheit, dem göttlichen Funken in uns, so können wir, wie im vorigen Kapitel (III/3.2., S. 150) erwähnt, unerwünschte Energien oder Blockaden im eigenen Energiefeld durch Bewegung und Stimme loslassen, indem wir während solch einer Transformationsarbeit ausschließlich den eigenen inneren Impulsen folgen. Bilder, Gedanken und Gefühle, ja ganze Geschichten können dabei vor Ihrem geistigen Auge ablaufen und sich dabei körperlich, gestisch, bewegungsmäßig manifestieren.
Noch umfassender ist die Erfahrung, die durch den Javanesen Muhammad Subuh Sumokadiwidjojo, auch bekannt als Bapak, in Form des Latihan kejiwaan („Empfangen von Gott") vermittelt wurde (vgl. SUBUD 1994 und Wade 1997). In diesem Latihan verbinden Sie Ihr Körper-Bewusstsein in Hingabe mit Ihrem höchsten, göttlichen Be-

wusstsein und lassen sich von der höchsten Weisheit in die Bewegung führen. Ihr komplettes Körper-Energie-System ist dabei an den universellen Energiestrom angeschlossen und wird bei regelmäßiger Übung gereinigt, verfeinert, in der Schwingung erhöht, ja regelrecht verwandelt, regeneriert und weiterentwickelt.

Derlei Erfahrungen an meinem eigenen Leib, mein durch jahrelange Meditations- und Energiearbeit geschultes bewusstes Sein im Körper, verbunden mit meinen pantomimischen Fähigkeiten haben mich eine Möglichkeit entdecken und entwickeln lassen, normalerweise unzugängliche, unbewusste, im Energiefeld gespeicherte Informationen durch Bewegung und Körperausdruck sicht- und erlebbar zu machen. Während ich mich selbst erde, ausrichte und leer mache, gehe ich in Resonanz mit dem zu erforschenden Thema im Energiefeld der betreffenden Person. Soweit es erlaubt ist, wird durch diese energetische Verbindung mein Körper bewegt und zu einer mimisch-pantomimischen Darstellung des Themas geführt.

Diesen Vorgang nenne ich **„Mimo-Sonanz"**.

Wo es darum geht, zur Veränderung hinderlicher Verhaltens-, Glaubens- und Gedankenmuster, aus den Tiefen des Eisbergs eine Information zu „bergen", um sie zu bearbeiten, zu entlassen oder zu transformieren, kann dies durch eine Mimo-Sonanz unterstützt werden.

Die Wirkung ist meist frappant, da nicht nur über den analytischen Verstand bei der Interpretation der Darstellung, sondern auch über die umfassende Energie-Verbindung auf allen Ebenen Reaktionen ausgelöst werden. Oft stellen sich spontane Erkenntnisse ein, die über Gespräche allein kaum vermittelt werden können. Geschieht dies mit Hingabe an die göttliche Kraft, ist dies ein aktives Arbeiten mit dem gesamten Bewusst-Sein im Körper, gleichzeitig geführt von der universellen Intelligenz.

In bestimmten Fällen können Energiemuster aus früheren Leben erkennbar werden, die für eine jetzige Situation von Relevanz sind. Entsprechend dem Eisberg-Modell gibt es aber auch noch andere unbewusste Informationen, die durch eine Mimo-Sonanz sichtbar gemacht werden können, wenn es im Einklang mit der höchsten, inneren Weisheit erlaubt ist. Es handelt sich dabei um jenes *ins Leben mitgebrachte Potential,* das sich hier verwirklichen möchte und zum Teil

von unerwünschten Prägungen und hinderlichen Energiemustern überlagert ist.
Aber auch Gruppen-Energien, wie sie sich bei Seminaren, Konferenzen oder Tagungen ergeben und verändern, können durch eine Mimo-Sonanz als nonverbales Feedback dargestellt werden.
Immer wieder geht es dabei darum, mit den Schwingungen der betreffenden Energien in Resonanz zu kommen und sich ohne Einmischung des eigenen Willens in der Körperbewegung führen zu lassen. Der Fahrtenschreiber registriert simultan den Körperausdruck und eventuelle eigene gefühlsmäßige oder gedankliche Assoziationen oder Bilder. Erst danach ist der Verstand eingeladen, Zusammenhänge und Interpretationen zu liefern. Dies gilt sowohl für mich bei der Durchführung einer Mimo-Sonanz wie auch für die betroffene Person oder andere Beobachterinnen. (Für nähere Informationen vgl. Anhang C).
Die Funktionsweise der Mimo-Sonanz stellt ein eindrucksvolles Beispiel dar, wie wir alle mit Energien durchwoben und verbunden sind. Es wird klar, Wir *sind* Energie! Das ist unser Da-*Sein* (vgl. Jasmuheen 1997). In meiner hier beschriebenen Arbeit dreht sich alles immer wieder um die Erweiterung unseres bewussten *Seins* (engl. to be) und nicht um das *Haben* (engl. to have). Die englische Sprache bringt es auf den Punkt. We are beings – not „havings"! (vgl. „being an actor", III/2.1., S. 129).
Um Sie auf die feine Körperbewustseinsarbeit hinzuführen, die auch einer Mimo-Sonanz zugrunde liegt und um Sie den Unterschied zwischen Haben und Sein (vgl. Fromm 1983) er-leben, er-spüren zu lassen, nun folgende Übungen:

3.3.1. Übung: Haben oder Sein – Der feine Unterschied

Sie erinnern sich an die Übung I/3.3.3. „Ich will. Ich bin bereit." (S. 58) Nun bitte ich Sie, mit all Ihren inzwischen hinzugewonnenen Fähigkeiten, mit Ihrer verfeinerten Sensibilität und Ihrem erweiterten Wahrnehmungsvermögen folgende Situationen zu verkörpern:

- Vergegenwärtigen Sie sich eine konkrete Situation, in der Sie sich maßlos geärgert haben. Erlauben Sie sich, in dieses Gefühl voll einzusteigen. Gut. Wo ist Ihre Ärger-Energie?

Ist sie Teil von Ihnen oder ist sie außerhalb von Ihnen? Sie haben einen Mantel, ein Auto, ein Buch ... Haben Sie Ärger oder „sind" Sie Ärger? – Nun zur Verstärkung:

- Jetzt erinnern Sie sich an Ihre Wut. Sie hatten sicher einmal eine immense Wut auf etwas oder jemanden. Also bitte: Haben Sie Wut! Gut. Merken Sie sich dieses Gefühl genau, um vergleichen zu können.
- Nun nehmen Sie Ihre ganze Phantasie zusammen und versuchen dies: Seien Sie Wut! – Danke, das genügt! Steigen Sie wieder aus! Welchen Unterschied in Ihrem Körperbewusstsein können Sie wahrnehmen? Wenn überhaupt, dann registrieren Sie, was stärker, umfassender wirkt. Haben oder sein? Nun lassen Sie, bitte, alles wieder ganz los, sowohl den Ärger als auch die Wut. Aber merken Sie sich eventuelle Qualitätsunterschiede!

3.3.2. Übung: Haben oder Soll – Die starke Affirmation

- Holen Sie sich jetzt die Energie „Freude" her. *Seien* Sie Freude! Spüren Sie, wie diese Energie sich ausbreitet, Sie durchdringt, Ihren Körper erfasst und bewegt, wie Sie Ihre Freude ausstrahlen, verbreiten! Genießen Sie und beobachten Sie diese Qualität!
- Jetzt steigen Sie bitte bewusst um: *Haben* Sie Freude! Wohin verlagert sich die Freude-Energie, wenn Sie sie nur mehr „haben"? Was verändert sich in der Intensität? Wofür möchten Sie sich entscheiden, wenn Sie in Hinkunft in Freude leben dürfen: Wollen Sie dann Freude haben oder sein?

Ich nehme an, dass Ihnen erlebbar wurde, dass das *Sein* kraftvoller wirkt, sich umfassender anfühlt, sei es bei negativen oder positiven Gefühlen, als das *Haben.* So *soll* es *sein.*

- So wünsche ich Ihnen, dass Sie ab jetzt nicht mehr Glück *haben,* sondern nur mehr Glück *sind.* Probieren Sie doch gleich noch einmal den Unterschied aus! Visualisieren oder spielen Sie eine Situation, in der Sie Glück haben. Gut.
  Jetzt der andere Ansatz: Holen Sie sich die Energie Glück her und seien Sie Glück. Lassen Sie sich davon bewegen,

ohne etwas tun zu wollen! Folgen sie Ihren Impulsen, die Ihren Körper in Glücksgefühl bringen und nehmen Sie wahr, wie Ihr Körper sich dabei ausdrücken möchte!
Nun überprüfen Sie bitte Ihre bisherigen Affirmationen! Blättern Sie in Ihren schriftlichen Notizen. Was *haben* Sie dort stehen? Was *soll* ab nun dort stehen? Ändern Sie Ihre *„Haben-Seiten"* auf *„Sein-Seiten"*:

Ich bin Mut.
Ich bin Geduld.
Ich bin Freude.
Ich bin Glück.
Ich bin Liebe.

3.3.3. Übung: Sein oder Nichtsein – Die bewusste Verwandlung

Suchen Sie sich Begriffspaare von Gefühlen, die Sie sein bzw. nicht sein wollen, wie etwa

Nichtsein	–	*Sein*
Angst	–	Mut
Hass	–	Liebe
Trauer	–	Freude

Wählen Sie drei dieser Paare, die für Sie von besonderer Wichtigkeit sind, um zunächst jene Energie eines Polaritätspaares nachzuvollziehen, die Sie ab jetzt nicht mehr sein wollen, die Sie also transformieren, verwandeln möchten, z.B.: Angst. Seien Sie sich klar darüber, dass Sie es sind, die entscheidet und bestimmt, wieviel von einem speziellen Gefühl Sie wie lange verkörpern wollen! Sobald Sie also „Angst sind", geben Sie innerlich den klaren Befehl, nun die Energie des Mutes, die Sie sein wollen, statt der Angst einfließen bzw. sich ausbreiten zu lassen. Nehmen Sie sich viel Zeit dafür, um bewusst wahrnehmen zu können, welche Veränderungen welche Verwandlungen in Ihrem Körper und Energiefeld stattfinden. Denken Sie, sagen Sie sich innerlich immer wieder vor „Ich bin Mut" und folgen Sie Schritt für Schritt den Impulsen Ihres Körpers bis Sie sich von Mut erfüllt fühlen.

Sie sind jetzt Mut. Erleben Sie spielerisch, wie Ihre Kraft der Gedanken sich körperlich manifestieren möchte. Vermeiden Sie es, etwas willentlich, bewusst Aufgesetztes zu zeigen, zu „schauspielern“. Es geht um Ihre individuelle, sich intuitiv entfaltende Bewegungsqualität der gewünschten Energie.
Vollziehen Sie auf diese Weise exemplarisch mindestens drei solcher bewusster Verwandlungen. Diese können für viele weitere Verwandlungen in Ihrem Leben stehen, beispielgebend und Ihr Selbstvertrauen stärkend.
Sollten Sie in einem Schauspielerberuf tätig sein, wird Ihnen ein erweitertes Feld wahrhaftiger Darstellungsmöglichkeiten erwachsen.

Verkörpern Sie Ihre Geisteshaltung, leben Sie Ihr neues *Sein*, das umfassende *bewusst Sein im Körper.*

Anhang A

„Mit vollem Mund“
Video – Mime – Performance
der besonderen Art
Buch und Regie: Klaus Feichtenberger und Walter Samuel Bartussek
Pantomime: Walter Samuel Bartussek

In 16 künstlerisch eigenständigen Nummern werden Kommunikationsprozesse weitgehend auf den visuellen Kanal reduziert und akustisch mit Musik unterlegt.
Der Mime interagiert auf einer schwarzen, meist requisitenfreien Bühne und kommuniziert mit einer lebensgroßen Videoprojektion seiner selbst. Er tut dies in skurrilen Szenen von überzeichneten Situationen, wo menschliche Emotionen persönliche Grenzen übersteigen: Es „verschlägt einem die Sprache“, der Körper reagiert, er „schreit“, die Körpersprache tritt in den Vordergrund.
Gefördert vom Österreichischen Bundesministerium für Unterricht und Kunst, 1994
Für nähere Informationen wenden Sie sich bitte an folgende Adresse:
studio gold egg
Walter Samuel Bartussek
Goldeggasse 29/A2/1
A - 1040 Wien
Tel. & Fax: +43/1/505 23 96

„Der achte Tag“
Video-Film
Buch und Regie: Andreas Ebhart und Alfred Rubatschek

Ein Spiel mit sozialem Verhalten in beruflichen Teams
In vielen Unternehmen laufen die Dinge heute nicht mehr so, wie es

sein sollte. Hierarchisch verordnete Sparmaßnahmen, individuelle Unzufriedenheiten, Führungsmängel und der Zweifel am „Sinn“ führen zu Spannungen und Konflikten.
Dadurch wird in den Teams, den Keimzellen jedes Unternehmens, Energie blockiert und gebunden. Als logische Konsequenz kann das vorhandene Leistungspotential bei weitem nicht ausgeschöpft werden.
Zu beziehen bei:
CreatiVideo
Neusiedler Straße 50
A - 2340 Mödling
Tel.: +43/2236/48 3 11
Fax: +43/2236/41 6 88
E-Mail: ebhart@pro.at
Internet: www.pro.at

„Ein neuer Tag“
Video-Film
Buch und Regie: Andreas Ebhart
Pantomime: Walter Samuel Bartussek

Der Film „Ein neuer Tag“ setzt sich mit den neuen Rahmenbedingungen unseres wirtschaftlichen Handelns und der Veränderbarkeit von Haltungen und Einstellungen auseinander. Selbstbewusstsein, Eigenverantwortung und die Macht unserer Gedanken sind die zentralen Themen.
Neue Dimensionen unseres Denkens und unserer Kundenorientierung tun sich auf, wenn wir uns nach dem Film fragen:
„Wie würde sich meine Arbeit und mein Leben verändern, wenn ich die Anregungen aus dem Film umsetze?“
Zu beziehen bei:
CreatiVideo, s.o.

Anhang B

Zu: I/3.2.1. Übung: Kopf Brust Bauch – weitere Assoziationen:

Körperbereich *Kopf*

Kopfbedeckung
Kopfjäger
Kopfgeld
Kopf oder Zahl
engstirnig
mit dem Kopf durch die Wand
kopflastig
gute Miene machen

Hansguck in die Luft
Kopf verlieren
Kopf in den Sand stecken
kopflos reagieren
lauter gescheite Köpfe
Eierköpfe
Hohlköpfe
Dickschädel
immer der Nase nach
Häuptling
behaupten
enthaupten
Hauptsache
Hauptstadt
Hauptmann
erhobenen Hauptes
Krone

Intelligenz
Fantasie
Gedanken
Wissenschaft
Wissen
Information
Neugier
Stirn
Irrsinn
verirren
Inspiration
Ideen
Gedankenblitz
es geht mir ein Licht auf
Erleuchtung
etwas ist einleuchtend
Heiligenschein
sehen
riechen
schmecken
hören
4 Sinne
Steuerungszentrale
atmen
essen
trinken
Nahrung
reden
etc.

Körperbereich *Brust*

Brustkorb
Brustkasten
am Busen nähren
ein offenes Herz haben
ein Herz und eine Seele
herzhaftes Lachen
hartherzig
kaltherzig
mit geschwellter Brust
schmalbrüstig
warmherzige Liebe
Herzlichkeit
Habe, ach, zwei Seelen in meiner Burst
wohl um's Herz
etc.

Körperbereich *Bauch*

Bauchtanz
Dickbauch
gebärfreudiges Becken
Lendenschurz
Schambereich
Lust
Ausscheidungsorgane
Fortpflanzungsorgane
Verdauung
Dabei habe ich Bauchweh ...
Bauch-Landung
sich die Füße in den Bauch stehen
gesättigt
hungrig
befriedigt
vor Angst in die Hose machen
etc.

Zu: I/3.2.2. Übung: *Augen-Blicke*

Erster Schritt „Sammeln“ – weitere Beispiele:

Blicke, die aufmuntern
mitfühlender Blick
koketter Blick
schalkhafter Blick
frecher Blick
argwöhnischer Blick
augenzwinkernder Blick
leerer Blick
klarer Blick
verschwommener Blick
verstohlener Blick
Hilfe suchender Blick
blauäugig sein
mit blauem Auge davonkommen
die Augen niederschlagen
jemand schief anschauen
Blick-Kontakt
sich in jemanden verschauen
versehentlich
im richtigen Augenblick
jemand aus den Augen verlieren
etwas lässt tief blicken
das Ansehen (ansehnlich)
sich etwas nicht ansehen lassen
funkelnde Augen
Augenöffner
unruhiger Blick
gelassener Blick
strahlender Blick
forschender Blick
stechender Blick
kalter Blick
verschlagener Blick
prüfender, musternder Blick
bohrender Blick
beschämter Blick
beschämender Blick
verschämter Blick
starrer Blick
unschuldiger Blick
verträumter Blick
verschlafener Blick
Blick mit Augenaufschlag
Augen verdrehen
diskreter Blick
durchblicken
etwas durchblicken lassen
auf jemanden ein Auge werfen
etwas/jemanden übersehen
etwas aus den Augenwinkeln beobachten
etwas unter einem bestimmten Blickwinkel betrachten
das Aussehen
Welt-Anschauung
der Ansicht sein
eine Erfahrung, die mir die Augen öffnet
ein lachendes und ein weinendes Auge

scharfer Blick
glasiger Blick
sanfter Blick
weicher Blick
flüchtiger Blick
unverwandter Blick
ein Loch in die Luft starren

jemandem tief in die Augen
schauen
die Augen aufreißen
vor etwas die Augen verschließen
bei jemandem vorbeischauen
schräger Blick
abwesender Blick
abweisender Blick
etc.

Anhang C

Es gibt zahlreiche Möglichkeiten, sich auf dem Gebiet der Kinesiologie weiterzubilden. *Zunächst* seien hier zwei Zentren angeführt, die ich auch aus persönlicher Erfahrung empfehlen kann:

DO-RI AMTMANN
Kinesiologie & Tao Zentrum
Lambrechtgasse 7/2/2
A - 2500 Baden
Tel.: +43/2252/43 2 43-0
Fax: +43/2252/43 2 43-18
e-mail: @Do-Ri.com
Internet: www. Do-Ri.com

KIM DA SILVA
Kinesiologie & Healing Tao
Türkenstraße 15
D - 13349 Berlin
Tel.: +49/30/45 11 355
Fax: +49/30/45 24 240

Weitere Kontaktadressen

IAK
Institut für Angewandte Kinesiologie
Zasiusstraße 67
D - 79102 Freiburg
Tel.: +49/781/733 08
Fax: +49/781/70 63 84

Institut für Kinesiologie
R. + B. Sonderegger Studer
Konradstraße 32
CH - 8005 Zürich
Tel.: +41/1/272 45 15
Fax: +41/1/273 15 45

Für Anfragen, Auskünfte und *nähere* Informationen kontaktieren Sie mich bitte, sei es bezüglich Workshops, Seminare, Beratungen in den Bereichen Körpersprache, nonverbale Kommunikation, Körperbewusstsein, *Energiearbeit und Mimo-Sonanz* sowie Mime und Pantomine oder wenn Sie Interesse an einem Gastspiel haben.

studio gold egg
Walter Samuel Bartussek
Goldeggasse 29/AII/1
A - 1040 Wien
Österreich
Tel.: +43/1/505 40 13
Tel. & Fax: +43/1/505 23 96

Anhang D

Verzeichnis der Skizzen

Anhang E

Literaturverzeichnis

Alexander, Gerda: Eutonie. Ein Weg der körperlichen Selbsterfahrung, Kösel-Verlag, München 1976

Bartussek, Helmut: Naturwissenschaft und Weltbild, Eigenverlag H. Bartussek, Irdning 1976

Bartussek, Walter: Pantomime und darstellendes Spiel. Körperausdruck, Selbsterfahrung, Persönlichkeitsbildung, 4. Auflage, Matthias-Grünewald-Verlag, Mainz 1998

Birkenbihl, Vera F.: Signale des Körpers. Körpersprache verstehen, Moderne Verlags-Gesellschaft, Landsberg am Lech 1985

Brennan, Barbara Ann: Licht-Arbeit. Das große Handbuch der Heilung mit körpereigenen Energiefeldern, 5. Aufl., Goldmann-Verlag, München 1993

Brennan, Barbara Ann: Licht-Heilung. Der Prozess der Genesung auf allen Ebenen von Körper, Gefühl und Geist, Wilhelm-Goldmann-Verlag, München 1994

Chocron, Daya Sarai: Heilen mit Edelsteinen, 3. korr. Auflage, Hugendubel-Verlag, München 1987

Decroux, Etienne: Words on Mime, Übersetz. d. 2. Auflage v. Mark Piper, Librairie Théatrale, Paris 1977

Diamond, John: Der Körper lügt nicht, Reihe „Live Energy“, VAK Verlag für Angewandte Kinesiologie GmbH, 12. Auflage, Freiburg im Breisgau 1995

Egli, René: Das LOL²A-Prinzip. Die Vollkommenheit der Welt, 16. Auflage, Editions d'Olt, Oetwil a.d. 1998

Feldenkrais, Moshé: Bewusstheit durch Bewegung. Der aufrechte Gang, st. 429, 1. Auflage, Suhrkamp Taschenbuch, Frankfurt 1978

Festinger, L.: Conflict. Decision and Dissonance, Stanford Univ., USA 1964

Foundation for Inner Peace, Glen Ellen: Ein Kurs in Wundern, Greuthof Verlag, Gutach i. Br. 1994

Fromm, Erich: Haben oder Sein. Die seelischen Grundlagen einer neuen Gesellschaft, dtv 1480, 13. Auflage, Deutscher Taschenbuch Verlag, München 1983

Gordon, Thomas: Familienkonferenz in der Praxis. Wie Konflikte mit Kindern gelöst werden, Heyne Sachbuch 33, 3. Auflage, München 1991

Harbour, Dorothy: Achtung, Energie-Vampire. Das Praxisbuch für den psychischen Selbstschutz, 2. Auflage, Integral Verlag, München 1999

Hay, Louise L.: Heile deinen Körper. Seelisch-geistige Gründe für körperliche Krankheit, 28. Auflage, Alf Lüchow-Verlag, Freiburg i.Br. 1993

Jasmuheen: Lichtnahrung. Die Nahrungsquelle für das kommende Jahrtausend, 2. Auflage, Koha-Verlag, Burgrain 1997

Krebs, Charles T.: Wieso der Muskeltest funktioniert. Erklärungsmodell und physiologische Grundlagen, VAK VerlagsGmbH, Kirchzarten bei Freiburg 1998

Núnez, Nicolás: Anthropocosmic Theatre. Rite in the Dynamics of Theatre, Harword Academic Publishers, Amsterdam 1996

Redfield, James: Die Prophezeiungen von Celestine. Ein Abenteuer, 6. Auflage, Heyne Verlag, München 1994

Redfield, James/Adrienne Carol: Die Erkenntnisse von Celestine. Das Handbuch zur Arbeit mit den „Neun Erkenntnissen“ aus „Die Prophezeiungen von Celestine“, 3. Auflage, Heyne Verlag, München 1995

Rolf, Ida: Rolfing im Überblick. Physische Wirklichkeit und der Weg zu innerem Gleichgewicht, Junfermann-Verlag, Paderborn 1993

Roth, Gabrielle: Leben ist Bewegung. Fünf radikale Wege zur Selbstbefreiung, Heyne Verlag, München 1998

Schwenk, Thomas: Bewegungsformen des Wassers, Verlag Freies Geistesleben, Stuttgart 1967

Sheldrake, Rupert: Das schöpferische Universum. Die Theorie des morphogenetischen Feldes, Ullstein 35359, 4. Aufl., Ullstein Buchverlage, Berlin 1998

Silva, Kim da/Rydl Do-Ri: Kinesiologie. Das Wissen um die Bewegungsabläufe in unserem Körper, „Alternativ heilen", Th. Knaur-Verlag, München 1993

Smothermon, Ron, M.D.: Drehbuch für Meisterschaft im Leben, 1. Auflage, Context Verlage, Bielefeld 1986

SUBUD Deutschland e.V. (Hg): Die Geschichte von Bapak, Wolfsburg 1994

Tepperwein, Kurt: Die Geistigen Gesetze. Erkennen, verstehen, integrieren, G 12160, Goldmann Verlag, München 1992

Tepperwein, Kurt: Kraftquelle Mental Training. Sie selbst bestimmen Ihr Leben, 6. Auflage, Ariston, Heinrich Hugendubel Verlag, München 2000

Wade, Robin: Receivings, Pathway Books, distr. by SUBUD Publ. Int. Ltd., Rickmansworth 1997

Welker, Andrea: George Tabori, Bibliothek der Provinz 1994

Anhang F

Weiterführende Literatur

Feng-Shui

Spear, William: Die Kunst des Feng Shui. Optimale Energie durch Gestaltung des Lebensraums, K 76136, Knaur Verlag, München 1996

Kraaz von Rohr, Ingrid/Hofmann, Robert: Praktischer Leitfaden FENG-SHUI, Nymphenburger in der F.A. Herbig Verlagsbuchhandlung GmbH, München 1996

Rossbach, Sarah: Feng-Shui. Die chinesische Kunst des Wohnens. Knaur 76073, Droemersche Verlagsanstalt Th. Knaur Nachf., München 1989

Sator, Günther: Feng Shui. Leben und Wohnen in Harmonie, Gräfe und Unzer, Ratgeber Gesundheit

Chakren

Sharamon, Shalila/Baginski, Bodo J.: Das Chakra-Handbuch, 34. Auflage, Windpferd Verlag, Aitrang 1995

Körpersprache

Fast, Julius: Körpersprache, rororo 7244, 5. Auflage, Rowohlt Taschenbuch Verlag, Reinbek bei Hamburg 1982

Rückle, Horst: Körpersprache für Manager und für jeden, der führt, motiviert, verkauft, Verlag Moderne Industrie Wolfgang Dummer & Co., München 1979

Molcho, Samy: Körpersprache, Mosaik Verlag, München 1983

Huna-Philosophie

Tepperwein, Kurt: Das Huna Geheimnis. Die hawaiianische Heilmagie, 1. Auflage, Verlag Die Silberschnur, Güllesheim 1998

Bio-energetik

Lowen, Alexander: Bio-energetik. Der Körper als Retter der Seele, 1. Auflage, Scherz Verlag, Bern und München 1976

Mentales Training

Besser-Siegmund, Cora: Mentales Training. Das Praxisbuch, Südwest Kursbuch

Cole-Whittaker, Terry: Mentaltraining im Alltag. Erfolgreiche Techniken zur Lösung von Alltagsproblemen, 2. Auflage, Verlag Peter Erd, München 1989

Freitag, Erhard F.: Kraftzentrale Unterbewusstsein. Der Weg zum positiven Denken, G Esoterik 11954, 17. Auflage, Goldmann Verlag, München 1989

Pfeiffer, Vera: Aktiv-Programm Positives Denken. Mobilisieren Sie Ihre inneren Kräfte, Midena Verlag, Augsburg 1999